复旦发展研究院智库丛书

洞见未来
发展、治理与安全

上海论坛主旨演讲与访谈精选集
(2015—2019)

复旦发展研究院　上海论坛组委会 / 编

上海社会科学院出版社
SHANGHAI ACADEMY OF SOCIAL SCIENCES PRESS

前 言

Shamshad Akhtar 博鳌亚洲论坛秘书长特别顾问，前联合国副秘书长

我于2018年参加了上海论坛，希望能借此机会感谢上海论坛在提出和讨论全球及地区重大议题中所作出的贡献。这是一个充满活力的国际交流平台，在其2005年至2019年的年会中，高层领导人、政策制定者、国际组织负责人、业界精英以及各领域学者们汇聚一堂，展开对话交流和思想碰撞，提出了许多有价值的观点与建议。

2008年经济危机致使全球经济严重收缩，贸易与金融市场发展大幅放缓。通过量化宽松和金融机构救助等方式，各国采取了较为协调的总供需调节措施和空前的货币刺激政策，使得全球经济在2013年左右开始复苏。

然而，短期的全球经济政策并没有解决本国和全球的长期结构性缺陷，因此以上所说的全球经济复苏是不平衡且十分脆弱的。现在全世界很多人都在面临着失业以及流离失所的问题，而愈演愈烈的保护主义和孤立主义浪潮将会使全球经济潜在的脆弱性和不平等现象长期存在。这也就难怪，各国为防控COVID-19颁布的经济封锁和社会疏离等措施，在缺乏强大的宏观基本因素且结构化改革进展停滞的情况下，导致了历史性的全球经济紧缩，从而使社会负面影响和不平等现象加剧。

2008年全球经济危机以及最近COVID-19的经验无疑为我们揭露了全球治理体系和多边主义的功能失调。除此之外，尽管人们普遍认为全球化带来了很多年的全球经济繁荣，并创造了巨大的发展成果和共同利益，但中美贸易战、英国脱欧以及气候议程进展缓慢等全球发展问题，都加剧了人们对全球化的争议和疑虑。意识形态转变、武装冲突、某些国家实行的单方面制裁行为，以及全球发展愈演愈烈的不安性与脆弱性，破坏了当今社会迫切需要的可持续、平衡的经济发展。

国际社会也确实认识到，缺乏规范的全球化导致了不可持续的经济增长和社会发展。同时，气候变化导致的全球变暖、海平面升高，以及生态系统的日渐枯竭，已经把地球推向了一个不稳定的临界点。除了面对气候变化和自然灾害造成的逆境

之外，不同人群所能享受的基本服务及基础设施之间的天差地别，无疑也使人权受到了相当的损害。

鉴于上述这些事态发展的严重性，联合国大会于2015年通过了《2030年可持续发展议程》，并主张加强多边治理框架，从而促进公平并实现发展成果共享。提高各国政治领导层间的合作，加大对地区性组织与国际组织的投资，倡导区域及全球和谐，才能促进国际社会的团结。与此同时，世界需要继续推广自由和竞争性政策框架，以推动资本流向有效的目的地，从而培育全球产业价值链。这些政策将共同促进全球范围内的经济扩张，确保经济多样性并实现区域发展，同时通过创造数百万个工作机会，使数百万人摆脱贫困，提高各国生活水平。

全球日益发展的相互依存和一体化是强大且不可逆转的。鉴于亚洲市场的发展潜力、欧亚大陆优越的地缘政治位置和丰富的自然资源，全球的地缘政治重心已从西方和大西洋地区向亚太和中亚地区转移，全球大国的注意力聚焦于此，新的包容性合作模式正在出现。

各国领导人在通过落实《2030年可持续发展议程》以重构全球发展模式的同时，还提议了一系列新的联盟机制和倡议，并主张加强相互联系和治理机制。自2013年以来，世界各国一直在进行对话，希望在以下方面取得进展：

- 通过对话推动中俄合作，以促进欧亚经济联盟和丝绸之路经济带的发展。其中，"一带一路"倡议和俄罗斯大型项目"跨欧亚发展带"将产生协同效应。
- 推进国际运输走廊的发展，从而推动全球大型项目的建设，包括重建跨韩铁路干线、建造通往布拉迪斯拉发和维也纳的新欧亚运输走廊、建造连接波罗的海和印度的国际南北运输走廊等。
- 推动区域合作，加强欧亚之间的联系，扩大贸易和投资合作，培育新的经济增长动力，促进制造业合作，发展物流、交通运输基础设施、联合运输以及其他大型基础设施发展项目等。
- 在上述区域发展计划中，英国脱欧造成了一些较为复杂的情况，并对欧盟一体化产生了一定影响。

亚洲的崛起已经提高了其在全球增长和贸易中的份额。但新的联盟和合作机制，如金砖四国以及中国主导的"一带一路"倡议，正通过陆上走廊和海上走廊迅速地将亚洲与欧洲连接起来。这些经济走廊的发展有可能将经济重心从现有的发达国家完全转移到中国、金砖国家和快速增长的新兴市场。

亚洲和中国的崛起表明，上述这些趋势根植于地缘经济的发展，而地缘经济正是通往新型地缘政治的道路。由于重心正从西方向东方转移，未来的全球化和数字化也将由此塑造。鉴于金融在意识形态转变和具体行动中所起的作用，亚洲通过亚洲基础设施投资银行和金砖五国的发展，将再次成为新的多边资本认购的推动者，也将致力于可持续发展、基础设施建设和绿色企业建设。

与此同时，上海合作组织作为一个区域性的政治团体，其成员数现在已扩大到了18个，并在疫情时期承担了更广泛的义务。它为我们提供了一个由亚洲发挥领导作用以促进和平与发展的机制。

新兴国家越来越认识到自己的责任，并正在倡导全球治理体系的改革。在此情境下，我们必须利用经济力量的转移来促进全球治理和多边框架中的团结。令人鼓舞的是，发展合作框架目前正在考虑南南资金流动以及一些国际倡议所能作出的贡献，比如中国的"南南合作援助基金""中国-联合国和平发展基金"以及"一带一路"倡议，这些都在为基础设施建设和新金融工具提供资金。随着发展合作进程的推进，新兴国家和区域性组织将更加重视发展中国家的发言权。

我们正处在一个变革的时代。在现有的基础上，希望上海论坛未来能更多关注以下几个领域的问题和发展：

- 如何通过创新性的财政和货币政策来缓解后疫情时代经济和社会所面临的问题。
- 如何更好地重建经济和社会秩序，如何让国际社会更好地为经济、流行性疾病和气候变化等危机做好准备。
- 全球治理与多边主义如何更好地服务可持续发展。

目 录

前言 …… 1

上篇 发展：我们希望有更好的世界 …… 1

一、全球化再思考
世界经济目前局势与展望 …… 3
我们希望有最好的世界 …… 7
"一带一路"：全球化新途径 …… 15
全球化发展过程中的亚洲角色 …… 21
教育改变世界：大学与第四次工业革命 …… 27
以系统化思维看绿色能源变革对人类的影响 …… 33

二、区域发展新格局
亚洲合作深化发展：机遇与挑战 …… 39
欧洲经济现状与国际合作中的亚欧互补关系 …… 45
北欧之路：挑战中蕴藏更大潜能 …… 51
中非经济纽带：发展新动力 …… 57
从拉美与亚洲比较看发展新思路 …… 63
《北美自由贸易协定》下的加拿大、美国和墨西哥：经验与启示 …… 69
铁路运输发展对于中俄合作意义重大 …… 77
铁路建设：吉尔吉斯斯坦的未来之路 …… 81
埃塞俄比亚：非洲的经济新星 …… 87

中篇 治理：新思路带来新机遇 …… 91

一、务实创新与有效治理
新丝路带来新机遇 …… 93
新发展理论和国际外汇 …… 97
新开发银行的架构、使命与历史意义 …… 101
高科技时代的愿景：商业、经济和教育的新模式 …… 107
金融创新的未来 …… 113
人工智能时代的就业问题 …… 117

二、全球治理新格局

全球金融危机之后的国际货币体系：机遇与挑战　　125

北欧区域合作的发展经验及其对亚洲的启示　　129

欧盟一体化与亚洲命运共同体：殊途同归，其致一也　　133

参考 NAFTA 经验，TPP 应使中国等更多国家加入　　137

特朗普的外交政策仍存在变数　　143

团结一致、全球协作应对气候变化　　149

下篇　安全：变动世界中的中国角色　　157

一、变动的世界

特朗普之策：如何适应变动中的东亚　　159

剧变中的亚洲：回首过去、立足当前、放眼未来，将中国、亚洲和世界打造得更加稳定　　165

半岛问题与党政选举——日本的国际与国内关切　　171

从地缘经济学出发看中美关系　　181

变动中的中美关系　　187

变动世界中的中日合作关系　　197

二、合作的世界

欧洲与中国在经济发展中面临的挑战　　205

欧盟和中国携手共进，促进欧亚关系进一步发展　　209

东盟与中国：完善区域体系，深化合作关系　　217

"一带一路"背景下中国与中亚的关系　　223

美国和中国能够避开"修昔底德陷阱"吗？　　225

三、走向世界的中国

变动世界中的中国角色　　233

中国特色的大国外交　　239

构建中国特色的大国外交　　245

后记　　249

| 上 篇 |

发展：
我们希望有更好的世界

一、全球化再思考

二、区域发展新格局

世界经济目前局势与展望*

演讲者：Vladimir Yakunin　文明对话研究所（DOC Research Institute）创始人，时任俄罗斯铁路股份有限公司总裁

国际货币基金组织和世界银行的专家在最近的研究报告中，评估了全球经济发展障碍和全球金融危机造成的后果。他们的报告表明经济增长新机制的发展尤为重要。

目前，发达经济体和新兴经济体都出现了供需不平衡的情况，从而扰乱了已有的物资流。此外，部分国家采取紧缩的货币信用政策，商品价格和外汇汇率不断波动，使得情况恶化。通过这些因素，专家们得出结论：2014年全球平均经济增长量将低于预期，略高于2013年的增长量，而2013年的增长量成绩平平。现在的经济发展趋势将会长期持续，全球经济增长率在2015年将达到3%左右，直到2017年将一直缓慢增长到3.3%。在接下来的两年里，高收入国家经济将在2014年的1.8%基础上增长2.2%。由于内部矛盾的减弱和高收入国家消费需求的小幅增长，发展中国家的经济增长率不断上升，今年预计达到4.8%，到2017年达到5.4%。

---

* 上海论坛2015开幕式主旨演讲。

换句话说，我们有理由乐观面对，但是现在就预言全球经济将从经济衰退的影响中全面复苏过来，还为时尚早。

一些专家预测在接下来的十年里，我们将面对极低的全球经济增长量。该推测的核心是基于对今后全球经济风险的合理评估。最大的风险之一就是主要发达国家的国债一直居高不下；另一个同样严峻的挑战，就是失衡脆弱的国际货币系统，以及资本跨界流动运作方面的控制力度不够。非经济因素也会导致经济破坏，比如武装冲突，整个国家政治体系恶化，以及信息化战争。从2014年起，俄罗斯经济自食苦果。政府曾经的一些尝试使其经济发展根基出现不稳定，受到损害，这些尝试包括煽动武装斗争，实施违反国际法原则的单边制裁。

由于世界急需新的经济增长驱动力，同时面临各种风险，增强经济实体部门的重要性逐渐受到重视并被提上日程。通常，经济增长的主要来源与二次工业化和现代基础设施建设的积极发展有关。目前，有一种观点势头增大，这种观点认为完成大规模基础设施建设目标的责任主要在于政府。

就此而论，我们正在见证全球发展模式重建。越来越多的学者认为伴随着大量金融资本注入，世界经济全球化、饱和化再也无法保证高增长率。我们正开始看到自由货币理论的局限性，意识到需要发展新范式。

基于以上观点，全球经济复苏不平衡性说明了经济结构的复杂性和调整的紧迫性。政治中心在地理上正逐渐从西方和大西洋转向东方，转向正大规模包容合作重要元素的中亚国家和亚太地区。该地区位于欧亚极具优势的地理位置，拥有丰富的自然资源，引起了全球关注。

在此背景下，首要目标应包括刺激和促进区域经济合作，加强东西方知识技术交流，谋求各国人民的和平、发展与繁荣，通过共同实施大型基础设施建设、工业和能源项目，来达成合作。

2015年5月初，习近平总书记对俄罗斯进行了国事访问，在能源、贸易、投资、货币发行、基础设施和运输等主要合作领域，两国达成了开拓性的协议。引用普京总统的话来说，中俄之间的关系达到了一个"前所未有的高度"。

中俄合作重点之一是为了加快欧亚经济一体化进程，丝绸之路经济带发展，创造一个全面对话机制。5月8日，俄罗斯总统普京与中华人民共和国主席习近平签订了一份共同声明，宣布中俄将就欧亚经济联盟和丝绸之路经济带一体化发展展开合作。欧亚经济联盟框架下的主要目标是全面现代化，国家经济竞争力增强，成员国人民生活水平提高。其中，成员国包括：美国、白俄罗斯、哈萨克斯坦、吉尔吉斯斯坦和俄罗斯。丝绸之路经济带的发展势头，从根本上代表了加强合作的新形式以及创造经济增长新区域的共同努力。

根据这份由中俄领导人签订的联合声明，旨在整合两国互动的各种形式，双方将在以下几个重点领域加强区域合作：

1. 加强贸易投资合作，发展经济增长新动力；
2. 简化双边投资程序，促进制造业合作；
3. 在物流、运输基础设施和联合运输方面进一步合作，实施基础设施建设项目；
4. 建立自由贸易机制，设立欧洲经济联盟-中国自由贸易区的长期目标；
5. 创造有利于中小型企业发展的环境；
6. 努力提高账户结算中本国货币的使用率；
7. 在不同的金融机构框架下合作（丝绸之路基金、亚洲基础设施投资银行、上海合作组织银行同业协会）；
8. 加强多边区域和全球合作。

通过这些方式，我们为创造共同的欧亚经济区打下基础，保证广泛的文化历史交流，同时也创造新的两国国民财富增长中心。就这一点来说，俄罗斯大型项目跨欧亚大陆带 RAZVITIE 与中国"一带一路"一体化是一次特别的机会。

当我们谈到跨欧亚大陆带和丝绸之路经济带时，有些观察者会认为我们重点关注这些项目在地理政治方面的融合（尤其是运输基础建设路线方面）。很明显，这样的融合是能带来实际利益的。但是，我们的目标更广，不仅包括运输路线一体化、项目同步化，更重要的是欧亚合作机制的全面统一，实现全球目标的资源共同积累。

跨欧亚大陆带的设想在 2014 年提出时，俄罗斯科学院宣布其为一个独立的项目。该项目的理念基础发展为一个想法：建立一个纵向的地理经济合作带，跨越大西洋和太平洋，包括铁路、汽车、能源、水路和信息在内的多模式的基础设施网络架构，将成为该经济带的基础。该网络架构的发展将伴随着新的——研发中心和团体的建立，并产生大量新的就业岗位，反过来又会成为先进工业化的来源。这场基于共同发展计划的全球运动将开创新的领域，创造新的机会，阻止经济衰退，减少预算赤字，大幅度提升对该项目有兴趣的区域的经济活力。

在设计项目结构的过程中，我们的重点应该放在长期基础设施建设项目上。为了使这些项目的经济回报最大化，我们必须保证一个"多阶段"的实施方式，将已有的能力从一个基础建设单位转移到另一个。我们正在考虑将国际运输长廊作为 RAZVITIE 项目的起点。它们正逐渐浮现在俄罗斯的铁路网络中，位于欧亚贸易、经济和移民路线的交叉点。俄罗斯政府和俄罗斯铁路股份公司正在开展活动，目的是创建国际运输长廊体系，服务于国际大型项目推广。为此，俄罗斯做出了一系列的努力。

俄罗斯和中国正在一起开展一项行动：创建莫斯科-北京欧亚高速运输长廊。"莫斯科-喀山"高速铁路的建设就是该项目的试点部分，中俄铁路边境通道正在发展中。俄罗斯正在讨论中国-蒙古-俄罗斯经济长廊的建设前景，它将跨越整个欧亚，并且将中国与蒙古的项目结合起来，同时融入俄罗斯建立欧亚运输长廊的想法。

俄罗斯还提出了跨越朝鲜铁路主线重建的想法，并为之付出了巨大努力。2014年俄罗斯在朝鲜罗津港口建立了500万吨的转运点，第一次尝试从韩国将俄罗斯煤运送至中国。

同时，俄方和奥地利、斯洛伐克和乌克兰的国家铁路部门及运输部门也展开合作，致力于发展新欧亚运输长廊，延伸通往斯洛伐克首都伯拉第斯拉瓦和奥地利首都维也纳的宽轨距铁道。

此外，俄罗斯国营铁路公司和伊朗铁路公司的合作正不断加快，主要战略部署在由南向北国际运输长廊的发展上，这条长廊通过伊朗将波罗的海诸国与印度连接起来。

因此，有效协调"一带一路"和欧亚运输长廊两大项目的合作与进展，建立起相关的机制及机构将是极为重要的任务。

我只是谈及了项目合作模式中的一部分关键因素，有效的合作模式是导向欧亚大陆政治、经济、社会双赢发展的基础。从这一点来说，我非常认同的理念是：我们不仅仅需要合作，更需要真正地相互理解。

我们希望有最好的世界 *

受访者：Paulo Portas　葡萄牙前副总理
采访者：陈志敏　复旦大学副校长

陈志敏： Portas 先生，欢迎您参加上海论坛，也欢迎您来到复旦大学。您在开幕式上的主旨演讲内容极其深刻，非常感谢您的演讲。我知道昨天您已经接受了多次采访，但我仍有一些问题想问一下。您曾在葡萄牙政府供职多年，所以我的第一个问题是：您如何评价正在进行的脱欧过程对欧盟的影响？您有何良策能最大程度地减少脱欧过程的负面影响并确保英国与欧盟之间的互惠互利关系？

Paulo Portas： 陈教授，你好。我常到中国，因为我想感受并了解世界的发展、世界的动态。我很高兴能够参加这个国际性论坛。关于你提出的脱欧问题，我必须承认，我不太支持就复杂问题进行全民公投这种做法。你不能想当然地认为英国脱欧问题的复杂性可以通过"支持"或"反对"得以解决，也许支持方和反对方都有充分的理由。我个人倒是愿意投票支持"留欧"，但我不是英国人。所以我尊重他们的投票。一旦举行全民公投，即使不具有法律约束力，那也代表了民意。议会是英国宪法制度的权力中心，议会否决全民公投是会影响脱欧进程的。在我看来，欧洲议

---

* 上海论坛2019高端访谈。

会选举投票在英国进行是让人感到奇怪的。英国人投票选举一个想要脱离欧盟的议会，原因是大多数英国人想要报复欧盟。所以，即使我反对，最终的结果可能还是无条件脱欧，因为这是民意。如果你对全民公投有所了解，你就会知道大多数人想脱欧，所以政客们必须交出答案。英国和欧盟应该通过友好谈判处理脱欧问题，尽量减少损失，而对欧洲来说，英国脱欧是会造成一些损失的。对于葡萄牙这样的国家来说，它正失去英国这个欧盟大西洋一侧的伙伴。如果我们反思一下我们与美国的关系，我们可以发现，大西洋集团在其中起着非常重要的作用，所以有必要让更多的国家加入大西洋集团。英国是欧洲第一个发展服务业经济的国家，英国在联合国安理会占欧洲力量的 50%；英国拥有欧洲 50% 的核军力。英国要是脱欧了，我们就只剩下法国（有此力量）了，所以现在的局势是有风险的，而且我打赌一定会达成协议。但在这份协议中，你得放弃一些东西，你得拿出一些东西，你还得接受一些东西。所以，英国不可能在不做出任何让步的情况下履行协议。但不管怎样，目前而言，英国还没有退出欧盟，但英国首相已经下台了。

陈志敏：是的，有很多受害者。

Paulo Portas：还有很多间接受害者。而且我们可以从这个没完没了的英国脱欧谈判中吸取一些教训。第一，永远不要思行不一。特雷莎·梅投票支持留欧，但她必须顺应投票结果完成脱欧。杰里米·科尔宾投票支持脱欧，但他却是亲欧政党的领导人，所以这完全是混乱的。第二，英国是一个构成复杂的国家，它不能冒着与地理问题有关的风险而单方面脱欧。对于英国来说，它不只有一个岛，它不能完全消除地域思想。例如，苏格兰人坚持英国留欧，所以提出，如果英国脱欧，苏格兰就要脱离英国。这样看来，英国脱欧事件结束的时候，英国可能会四分五裂。

陈志敏：所以，这就是英国在未来几个月要处理的问题。但是这几天，欧洲议会选举正在进行之中。我们知道英国的脱欧党会获胜，欧洲大陆成员国的情况又如何呢？其在政治格局中的位次会有什么变化吗？还是会保持不变呢？

Paulo Portas： 首先，欧洲议会选举一般投票率较低。这也是体现欧盟性质的最为实际的例子。欧盟不是一个国家，它是一个国家集团。欧洲是一个国家，这种说法是不存在的，欧洲有很多国家。葡萄牙是欧洲古老稳定的边境民族国家之一，但欧洲有很多存在这样那样内部问题的复杂（民族）国家。所以，我倒是期待今天欧洲的两大家族能出现实质性的衰落，我指的是基督教民主派和社会主义派。这种分崩离析的趋势（三十多年前，欧洲的所有议会都有两个或三个以上的党派）就是繁荣疲乏和忿恨全球化的征兆。这对葡萄牙来说是一件奇怪的事，因为对于一个支持全球化的国家来说，我们对全球化没有忿恨。葡萄牙人和中国人一样，也像东西方其他人一样，都曾是航海者，所以都是全球化支持者。同时，自由主义崛起，成为了一支新的中间派力量，更重要的是，极右翼、种族民族主义、右翼民粹主义、左翼民粹主义也在兴起。往好的方面想，我认为党派的集中无法建立伙伴关系，因为他们都是非常强烈的民族主义者，但是如果你将他们作为一个整体来看，我认为他们会拥有超过20%的议员，而且他们会成为一股强有力的力量。欧洲有四个大国，其中三个是英国（目前仍在欧盟）、法国、意大利，这三个国家的第一大政党可能是民粹主义政党，如果不是，那也肯定是第二大政党。英国有脱欧党，玛琳·勒庞（Marine Le Pen）的支持率与法国目前执政政党的支持率不相上下；意大利的第一和第二政党都是民粹主义政党，这表明欧洲的一些情况很棘手。如何与民粹主义者打交道是一个很好的问题。你有两个选择：你可以把他们带到政府，或者强迫他们面对现实，面对困难，在坏和不太坏之间做出选择，忘记乌托邦，这是一个选择。民粹主义者通常不能胜任政府工作，因为他们不喜欢处理现实问题，他们更喜欢在广场上进行蛊惑民心的演讲，或者你设法孤立他们，这是第二个选择。在我看来，如果你孤立他们，他们会打出受害者的牌。所以，我们不得不让他们承担一些责任。

陈志敏： 您在昨天的演讲中表达了对欧洲在数字时代落后于美国和中国的深切担忧。所以欧洲国家会做些什么来迎头赶上呢？

Paulo Portas： 我曾是葡萄牙保守派、温和保守派和古典保守派中右翼党派的领导人，我结束了长达16年的党派政治生涯。我还曾担任国防部长、副总理和其他职务，在卸任之后，我开始钻研并传授地缘经济学这个概念。地缘经济学是一个相对创新的概念，因为通常人们打交道的是地缘政治学。地缘经济学是通过全球化和数字化通往新地缘政治学的途径。世界发生了彻底的变化，这种变化是通过经济实现的。亚洲的崛起以及中国的崛起都是通过经济和数字化实现的。这种变化改变了世界的平衡。现在，关税和贸易、移民、数据技术等问题已不再是技术问题，而是棘手的政治问题。在我看来，欧洲应该对目前的局势感到非常担忧。因为，未来经济的5.0、6.0或7.0版大概就是数字经济时代了。欧洲必须重新审视自己的战略，看一看前十大甚至是前二十大技术公司，你会发现全是美国和中国的公司，没有欧洲的公司。在数字化和全球化时代，没有什么是确定的，不可预测的变化会瞬间发生，但有两三个标准可以扭转这种形势。第一，欧洲必须在研发、创新（即私人部门）领域投入更多资金。欧洲早在两年前就被中国超越了，而且如你所知，美国在研发领域有着非常强大的私人部门投资。第二，欧洲必须适应灵活性。我给你举个例子：一个美国人在他的工作生涯中换了11次工作，但一个欧洲人只换了4次。所以，相比美国人，欧洲人不太容易换工作。第三，欧洲与美国之间的财政差距，我认为这一点是非常相关的。美国削减了14个百分点的公司税，所以我们就失去了14个点的竞争力。我最后再举个例子，陈教授，请想象一下你是一个新加坡、拉各斯或特古西加尔巴年轻人，你曾经成绩不错，你现在有想法，也有新技术，而且你想把这种新想法、新技术在业务中具体落实。那么是在欧洲更容易呢还是在美国更容易？答案是在美国更容易。因为他们有更多的风险资本，更多的投资方，而且他们对银行的依赖更少。美国的金融业务都是在市场上进行，而欧洲的金融业务要通过银行。所以，如果银行情况糟糕，就不能很好地刺激经济。所以欧洲必须改变这种情况，这也就是为什么我认为地缘经济学非常有用。新加坡国立大学的校长在最近一次采访中谈到了一件非常有趣的事情，他说如果MBA课程不教地缘政治学，那么未来的CEO们就会错过一些有关战略趋势和风险评估的东西，因为国际关系比以往更加经济化了。因此，这就是我为什么要警告欧洲，我们的创新创意发展出现了问题。原则上，对移民持敌对态度也不是一个好的征兆。

陈志敏： 欧盟目前正在制定投资服务审查机制，有人说这是专门针对中国的。您怎么看这个审查机制？

Paulo Portas： 我的立场非常明确。我曾是葡萄牙政府中负责向中国投资开放经济的一员，且因为我们确切地知道谁是我们的盟友，那就是北约，我们也是美国的老朋友。但葡萄牙毕竟是一个全球性的国家，所以我们喜欢广交朋友，建立多方依存关系，并在移交澳门后对中国采取负责任的政策。国际社会并未有太多成功的案例，但中葡却成功解决了澳门问题。因此，向中国开放我们的经济是无可指责的，尽管这是一个有争议的问题。我想说，布鲁塞尔的大环境发生了一些变化但是不用太担心。为什么呢？一方面，我有我自己的竞争政策，我不支持意识形态偏见，因为我认为它不符合经济理性。中国的投资者有时投资成功，有时投资失败。如果他们投资失败，他们就必须更好地了解欧洲的监管环境。另一方面，让我们回到数字上来。过去20年，中国在英国投资了440亿美元，在德国投了240亿美元，在意大利投了150亿美元，在法国投了140亿美元，在芬兰投了90亿美元，在希腊投了70亿美元，在葡萄牙投了60亿美元。所以，你认为法国政府能随便说出我不要中国的投资吗？我们要现实一点，我们欧洲人是自由贸易者，我们是一个非常强大的经济集团。我们喜欢美国市场和中国市场，因为这两个市场为我们带来了最多的消费者和最多的收入。所以，让消费者自己决定，不要把意识形态壁垒放在中间。欧洲需要与美国好好地谈判，也需要与中国好好地谈判。我不相信推文，我相信谈判，即使我承认发推文是一种谈判技巧，虽然这种方式很奇怪，但还是能起作用。我非常担心贸易战可能会升级，那样会失控的。

陈志敏： 下面一个问题是关于贸易战的。过去葡萄牙和大多数欧洲国家都与中国和美国维持着平衡牢固的关系。但问题是，如果特朗普政府强迫中国打这场贸易技术战，并向欧洲盟友施压，让其跟随美国的脚步，那么葡萄牙会陷入非常困难的境地。您将如何应对这种复杂的新形势呢？

Paulo Portas： 葡萄牙政府有一些有意思的措辞，我对此表示赞成。我们确切地知道谁是我们的盟友，谁是我们的朋友。我们不想脱离同盟，也不想打破友谊。葡萄牙始终对世界开放。即使我们只是一个拥有 1000 万人口的欧洲国家，在战胜了金融危机之后，我们仍有大量债务，但我们还是一个独立的国家。葡萄牙是一个平静祥和的国家，不是恐怖分子袭击的目标，是一个安全的国家，人民热情好客，而且在一些领域拥有很强的竞争力。所以，我们为什么要缩小我们的世界视野呢？你的问题很有意思。以华盛顿为例，很多年来（三四年前），美国的机构确信俄罗斯是问题的所在。俄罗斯已不再是超级大国，即使它在核能领域实力强大，但俄罗斯不再是苏联，它也不再具有全球范围内的意识形态蓝图。显然，正在威胁美国全球领导地位的是中国。我觉得美国人前不久才认识到这个问题。奥巴马把言辞转向了太平洋，而特朗普每天围绕中国发推文。但是，正如我昨天所说，我们建立了新的经济秩序，但没有建立新的政治秩序，对此我有点不安。我相信，中美两国均有意愿达成妥协，因为两国都知道，贸易战在一定程度上的升级、出招、还招、以牙还牙之后，情况会变得危险起来，因为这会影响信心，而一旦失去信心，就会发生全球性危机。全球性危机不利于特朗普或习近平继续连任。中美两国可以在艰难困境中生存下去，但全球性危机的风险会影响每一个人，那么到头来中美两国什么也赢不了。当你失去信心时，投资者会怎样考虑呢？我会推迟投资，或者取消投资。我会等待更好的时机。我认为欧洲应该改革，但也要支持 WTO。我们需要建立国际仲裁体系，我们需要建立贸易诉讼框架，控制事态升级。从贸易的角度来看，中国无法进行更多的报复，因为中国对美国的出口远远超过了美国对中国的出口。所以中国没有更多的美国商品可供报复。但我认为，谈判过程中有四到五个重要问题可以取得一些进展。例如，市场对外国公司开放还是封闭的问题，技术转让的问题，国家补贴的问题。中美两国应该就这些问题进行讨论和谈判。2018 年 1 月我注意到，中国政府有意对某些框架进行改革。如果你想达成交易，你得相信交易是能够达成的，而且要准备好舍弃一些东西，才能得到一些东西。习近平主席与特朗普总统在 G20 大阪峰会上会再次会晤，我个人期望日本能够在其中发挥积极作用。当初他们在布宜诺斯艾利斯会晤，达成了贸易战休战协议，贸易战休战了六个月。但我不认为这种关于中国挑战美国霸权地位的认识只是美国共和党或特朗普政府的问题。想象一下如果民主党是执政党（这不是不可能的），我认为调子大概会不一样，没有那么咄咄逼人罢了。我只是想知道中美贸易战是美国共和党人的问题吗，抑或是中美贸易战会持续更长的时间？

陈志敏： 我认为这是我们需要面对的现实，根据所有的预测，不仅中国将会超过美国，而且印度也将在二三十年内超过美国。

Paulo Portas： 与中国相比，印度目前对全球经济增长的贡献较低。令人印象十分深刻的是，如果亚洲出现问题，全球经济也会出现问题。全球 45% 的实际增长都是由 PPP 调节实现的，所以正常人都更希望亚洲大陆有一个稳定的环境。

陈志敏： 我认为美国必须面对现实，考虑如何与其他国家一起分担应对这些全球性挑战的责任，因为美国始终认为自己是这个体系中的唯一领导者或霸权大国，我认为这种心态会在未来制造出更多问题。如果我们有时间，我们还可以聊聊一个与上海有关的问题。最近上海发起了一项非常重要的倡议，上海和三个邻省将要实行更紧密的次国家级一体化战略，即长三角一体化战略。基于您在葡萄牙和欧洲的管理经验，您对这个项目有什么意见或建议吗？

Paulo Portas： 你知道，中国和欧洲的治理规模存在巨大差异。中国的规模相当于一个大陆，中国一个省的规模就是欧洲一个大国的好几倍。几个月前，我在南京大学做了一次讲话，我问南京有多少人口，有人告诉我南京有将近 1200 万人口。这比葡萄牙的人口还多 100 万。但这也是一种非常有意思的合作方式。欧洲的许多单一民族国家联系非常紧密，你不必成为大国或中等国家，你可以是小国和外围国家，但仍然（与其他国家）联系密切。互联性是全球相关性的新中心。欧洲和中国的中央政府达成合作协议之后，你可以去一些城镇、城市和省份。也就是说，我赞成合理的一体化政策。当遇到一些文化差异时，你不应该消解文化特色，应该尊重他国的文化。每个人尊重全球的法律和各国的法律，为一体化创造良好的条件。对中国人来说就是遵守本国的宪法和法律。欧洲出现了一个问题，最近，一些欧洲人对移民有敌意。正如你所知道的，在我看来这不是什么好事，因为欧洲的人口问题十分严峻。持续下降的生育率将影响欧洲的未来，所以欧洲需要移民。零移民方案在现代世界中是不可行的，欧洲有两种解决方案，其一是选择需要的移民，其二是让移民自己做出选择，或许你不需要的移民会选择你。欧洲人没有抹掉或消除所有差异，即经济上的差异，但欧洲在区域一体化方面的经验，即发展结构基金的共享经验，是非常有意思的。我希望上海与其他三省的一体化试点项目能够取得好的结果。我们必须对未来充满希望。我们有很多困难，但解决这些困难，我们就可以建设一个更加公平的全球化世界。与你谈话很愉快，非常感谢。

陈志敏：是的，让我们期待更美好的未来吧。谢谢您，Portas 先生。

"一带一路":全球化新途径*

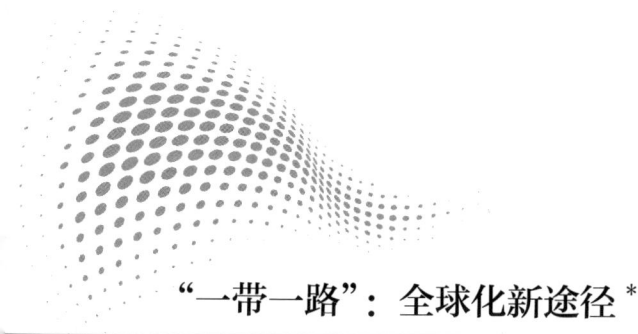

受访者:György H Matolcsy 匈牙利央行行长、前经济部部长
采访者:张 军 复旦大学经济学院院长、复旦发展研究院副院长

张军: 尊敬的行长先生,欢迎您再次来到复旦。您在今天早上的开幕式上做了精彩的发言,我注意到您在演讲中谈到了"一带一路",而且您还介绍了匈牙利央行如何应对金融危机。匈牙利在本次危机中的表现胜过很多其他国家,这也是个很有趣的话题。所以我想我们可以先谈谈您这几年来的工作,聊一聊您是如何应对本次欧洲内部的危机的。

György H Matolcsy: 您说得很对,匈牙利和整个欧盟都认为"一带一路"是伟大的创举。原因很简单,我们需要你们的秩序和结构,我们也需要你们拉动全球经济发展。旧的组织结构已经是明日黄花。全球化有不同的阶段,刚开始是大西洋阶段,后来到了太平洋阶段。现在有了"一带一路"倡议,有了中国的领导,是时候轮到亚洲国家连接亚欧大陆,联系中国和欧盟,我觉得这项倡议非常伟大。因此,无论是匈牙利政府还是匈牙利央行都支持"一带一路"。谈到匈牙利央行的作用就不得不提及2010年严重的经济、金融和社会危机,希腊和匈牙利是此次危机中受影响最严重的两个欧盟国家。不过匈牙利不属于欧元区,我们有自己的金融安全网。匈

---

* 上海论坛2017高端访谈。

牙利当时面临两个选择：其一，走希腊路线。国际货币基金组织和欧盟委员会为希腊开出了一份应对危机的解决方案，但这不是个好的解决方案，因为这个方案要求财政紧缩。但我们当时的想法是要首先保住人们的工作，否则 GDP 的增长就是空想，国民经济就会面临崩溃。因此我们必须选择另一条路，跳出传统的思维方式。匈牙利首相最终选择走第二条道路，然后我们走向了胜利。所以勇气有时候可以创造奇迹。我们在一些领域采取了非传统的经济举措，推出了多种政策。一方面我们推行了结构改革，让就业率不降反增，并最终把失业率降为零；另一方面，我们通过推出促进经济增长的组合拳成功地维持了政局的稳定，总统得以在四年任期满后连任，并且比 2010 年时更加成熟稳重。反观其他欧洲国家，葡萄牙、西班牙、意大利和希腊国内的政局都不稳定，出现了社会危机。这些国家都被迫实行了国际货币基金组织和欧盟委员会提出的经济政策。坦率来说，正是这些政策导致了社会和政治危机。鉴于此，匈牙利必须鼓起勇气，开拓一条新路，创造我们美好的未来。现在我们和那些深陷危机的欧元区国家已经有很大不同了，它们面对危机管理战战兢兢，而我们通过独立思考成功地提高了就业率，完善了我们的预算体系。

张军： 请问匈牙利央行在当时采用了怎样的货币政策？这些政策是非常规的吗？

György H Matolcsy： 是的。我在 2013 年春天离开了政府的岗位，那时候我们已经成功地推行了一项财政政策，因此我们的预算赤字从占 GDP 的 7% 降至 2%—3%。此外我们还实行了一系列新的货币政策。首先，我们把央行的基准利率下调到 0.9%，而当时我们的基准利率是 7%，总的来看我们下调了 610 个基点。在我看来这是非常规和不同寻常的。

张军： 可以说这么做与传统路线恰恰相反。国际货币基金组织的建议是你们必须得在危机中提高利率。

György H Matolcsy： 您说得对。这是传统的解决方式，但在匈牙利不管用。所以我们要另想办法，新的解决方案进展得也很顺利。另外，我们启动了一项全新的计划，为经济发展提供资金。我们为中小企业提供资金来源。既然就业率主要靠这些企业来挽救，那央行何不更多地资助它们的发展，让它们创造更多的工作岗位呢？这些企业有了充足的预算后能取得不少利润，足以在财力上支撑国际货币基金组织和欧盟国家倡导的正统救助方案。还有就是我们在货币政策上做了重大调整。银行界之前不愿意给企业贷款，这种做法是不对的，因为这样一来金融资源就无法进入产业扩大生产，进而推动经济发展。所以我们开展了一项计划：央行把商业银行原本存储在央行的存款返还给商业银行，让商业银行有更多的储蓄资金，使得它们可以把这些钱用于支持政府项目或前景较好的企业项目。这个计划也取得了不错的效果。我想强调的是我们货币政策的特点是常规与非常规相结合，而且我们所采取的非常规解决方案都有的放矢，非常成功。

张军： 其实中国也采取了类似的策略，中国也针对特定的领域和部门推出了一些非常规的政策，中国央行特别注重实体经济的融资。

György H Matolcsy： 这和我们的思路是一致的。坦白来说，我们的做法体现了传统央行和非传统央行之间的区别。中国人民银行虽然态度谨慎，但敢于创新。目前我们正需要懂得创新的央行来解决很多新出现的问题，我想全球的中央银行都要有这种精神。全球金融危机后我们也开始了危机管理。自2008年以来，我们就一直致力于寻找应对危机的新型解决方式。我们在非常时期也不得不采取了一些非常手段，从而保障经济增长、就业率和政治稳定。我们重新制定了政策，推出了定向的货币政策。我昨天在北京和周小川行长进行了谈话，我们谈了很多事情，他是个很有智慧的人，他的许多见解都令我受益匪浅，我们聊得很愉快，很尽兴。

张军： 周行长在20世纪80年代是积极参与政府与学者间政策讨论的年轻经济学家，他的才能在当时非常出众。

György H Matolcsy： 周先生的确是个能力超群的人。我们在布鲁塞尔见过面，他的脑筋非常灵活，有很多奇思妙想，并把它们付诸实践，善于分析，见解独到。他很有自己的想法，看问题的眼光很长远，而且知晓一项货币政策的利弊。他的思路总是很新颖，与常规不同，我很欣赏这点。

张军： 那么您认为匈牙利在"一带一路"中扮演的是什么样的角色？几周前北京刚举办过一个有关"一带一路"的大型会议，我相信世界人民都很关注中国政府未来将如何在与"一带一路"有关国家中开展投资项目。另一个问题是哪些部门会为这些项目提供资金，以及考虑到这些投资者还要承担投资失败的风险，这些项目对于投资者的意义有多大，投资者乐意投资吗？众所周知，中国主持建立了亚洲基础设施投资银行，但这个银行的规模相对较小。中国已经有了两个比较大的银行：开发银行和进出口银行。在过去十年里，这两家银行为中国近一半的对外直接投资进行了融资。我们最近还新建了丝绸之路基金会，习近平主席承诺将会出资超过 1000 亿元作为该基金会的资本。请问匈牙利如何看待这种以支持"一带一路"建设为目的的融资举动？

György H Matolcsy： 从匈牙利的角度来说，首先，参与"一带一路"的 64 个国家的政府和商业部门都需要以新的视角看待全球化，也需要新的途径推动全球化，而"一带一路"就是一条新路。其次，我们需要一个实现新型全球化的方案和框架，"一带一路"就体现了这种框架，而且所有的参与者都能从中受益，这是个互利共赢的项目，和之前西方输赢分明式的全球化很不一样。第三，我们需要一些首创机构来推行新型全球化，亚洲基础设置投资银行、丝绸之路基金会等就是这样的机构，这是我的理解。我们还需要资金，首要的是需要能不断增值的小额资金。经济发展要一步一步来，不必心急。我们还需要投资和项目，而且要看到这两者成功的案例。除此之外，我们还希望有新型的知识框架去培养新型的思想，上海论坛和其他的论坛就很好地组成了这个框架。此外，我们还需要一场运动来帮助我们抵达新型全球化的彼岸。最后，我们需要大量企业参与"一带一路"的建设，因为企业才是绝大多数资金的来源，不是政府、亚投行或者丝路基金会。既然我们现在有了新视角、框架和机构，久而久之，所有的企业都会加入"一带一路"建设，我们在首创项目里投入资金，帮助这些项目顺利推进，这样就能形成一种良性的氛围，有利于推动实现新型全球化的运动。目前全球性的危机在于流动性太强，但这种状况正在缓解，我们也应当主动采取各种可行的措施。要建成"一带一路"的网络可能需要数十年，我们还有时间。旧有的全球化模式依然在继续，但我们需要创新思考，形成"一带一路"的创新发展。

全球化发展过程中的亚洲角色 *

演讲者：Shamshad Akhtar　博鳌亚洲论坛秘书长特别顾问，时任联合国副秘书长

尊敬的各位来宾，2018年的论坛主题是"变动世界中的亚洲责任"，我觉得这是一个恰如其分的主题。我们现在越来越多地谈到逆全球化趋势的出现，而逆全球化会导致支撑这一地区在过去几十年不断繁荣发展的基础变得支离破碎。随着贫富差距不断扩大、潜在生产力的下滑，以及危机和灾难发生的频率不断增加、现金流的不足以及相关的一些体制化的问题，再加上气候变化所带来的更大的挑战，我们现在面临非常多的困难。

但是不可否认亚太地区的贸易增长非常耀眼，从1990年到2008年，这一地区的GDP年增长率达到了6%。而GDP的增长主要得益于贸易增长，在亚太地区，出口贸易年均增长为13%，现在贸易已经占亚太地区GDP的50%，同时亚太地区对全球出口市场贡献了40%的份额。在过去的四年时间里，亚太地区的韧性和活力成为全球经济增长的重要动力。三分之二的地方经济体在2017年的增长速度超过了

---

* 上海论坛2018开幕式主旨演讲。

2016 年的增长速度。全球经济复苏确实改善了这一地区在 2018 年和 2019 年的经济增长预期，当然最终结果还是取决于这些国家如何有效应对发达经济体的压力，以及油价的不断上涨和贸易保护主义等问题。

在实现《2030 年可持续发展议程》目标方面，亚太地区也已经推出了一系列的社会和环境方面的改革，尽管步伐不同、方式不同，但是这对于有效解决贫困问题起到了很大的作用。最近几年时间里，亚太地区绝对贫困数量已经从人口总量的 30% 降低到了现在的 10%，地区人均寿命增长到了 80 岁，同时在社会发展其他方面也有了很大的进步。

讲完了这些短期目标，我们还必须要谈一下，其实亚太地区也是世界上最重要的贸易中心，亚太地区的 GDP 已经增长到了 27.5 万亿美元，几乎已经和北美以及西欧的总体 GDP 水平相当，占世界 GDP 的 36%。不同的政策情形下，我们发现亚太地区的 GDP 可以在 2050 年时达到全球 GDP 的 50%。当然，要实现这一目标需要该地区采取可持续、包容性以及平衡的增长政策。

在这种情况下，我想谈一谈未来我们需要做的几件事情。首先最重要的一点就是地区的政治稳定、和谐。我们知道韩国与朝鲜峰会的成功召开，为半岛以及半岛附近地区的合作打开了新的大门。与此同时我们需要采取一些集体行动，以便能够应对不同热点地区的问题，有些热点地区甚至已经出现了人道主义危机。

在上海，我当然会谈到上海合作组织（上合组织）。上合组织是一个地区性的政治组织，现在成员国已经增长到了 18 个，为我们提供了一个非常好的多边机制，进一步强化发展了互相的联系。联合国亚太办公室一直在发展议题上与上合组织进行合作，我们相信这对于实现地区平稳发展是极其重要的。

第二点是大家可能都谈过的一个问题，如何解决不平等性。我们知道不断扩大的收入差距会对经济的增长带来负面影响，同时也会造成一系列的社会紧张态势。一定程度的收入不平等性可能是不可避免的，但是机会的不平等性则是经济发展的重大障碍。在过去三十年时间里，本地区五个人口最多的国家当中有四个都有所增长，这几个国家的人口占整个地区人口的 70%。

在中国，收入不平等性增长了 10%，印度尼西亚的收入不平等性增长了 8%，孟加拉以及印度分别增长了 4% 和 5%。机会的不平等性，以及获得服务的不平等性也十分普遍。在本地区，教育、清洁能源、基本卫生、银行账户是很多人都不能享受到的，在这个地区当中只有40%的人能够获得医疗健康方面的服务。除了全面提高收入之外，本地区也需要通过整体的财政政策来改变这种不公平现象的产生。我们需要通过更多的税收支持以及公共政策，来加强可持续社会保护系统。

第三点，我们这一地区的人口变化非常巨大。如今老龄化人口已经基本上达到了5.5亿，但是到2050年的时候，老龄化人口会不止翻一番，这将使得在60岁以及60岁以上的人口达到13%—25%。简而言之，对于亚太地区来说，老龄化在以前所未有的速度发展，但是给我们解决问题的时间却非常有限。快速应对老龄化，需要我们在各方面采取行动。比如说我们应该有一些创新的解决方案，提供更多的资金，提供长期的养老服务。与此同时，我们也应该运用科技提升老年人的生活品质。同广泛的非政府的民间组织一同努力来设计可持续的养老金体系也仍是我们面临的一大挑战。

接下来我要谈第四点，也是我们亟待解决的一个问题，对于亚太地区来说，也应该采取更积极的措施。第四点就是能源问题，现在亚太地区有4.2亿人口没有办法获得电力，另外还有20亿人口没有办法使用清洁能源进行烹饪，相关产业也缺少能源。亚太地区温室气体排放量达到全球的一半，并还在不断增长，所以我们有这样的忧虑，而且我们需要考虑如何来优化能源密度。对于相互影响的亚太地区来说，油价从两年前每桶三十美元，到现在八十美元一桶，这给亚太地区宏观经济增长也带来了新的挑战。这对于我们各个国家的财政来说也是很大的挑战，因为我们预计油价可能会继续增长。

各个经济体要考虑进行多元化，这样可以让各个国家的经济得到更好更健康的发展，并更好地应对价格波动。

能源转型是我们面对多重挑战的唯一可持续的路径。变化不断涌现，我们也必须要加快我们应对的步伐。能源技术现在其实在不断发展，可再生能源获取的成本也在不断下降，这些技术的发展有助于我们降低能源赤字来改善能源结构，这样可以让我们更好地获得能源，特别是对于一些贫穷的地方来说。

亚太地区当然可以通过不同方式降低能源密度，与此同时我们还应该更加努力提升能源效率。能源转型意味着我们需要优化能源供应，这样才能应对与日俱增的需求与压力。亚太地区如果不做好能源转化工作，很有可能我们的 GDP 在 2050 年之前会下降 3.3%，2100 年之前可能要降低 10%。

另一方面，我们采用低碳方式所需的成本是相对较低的。如果整个地区要采取更多的低碳措施，有可能在 2050 年之前我们要花费 1.4%—1.8% 的 GDP 金额来进行改造，2100 年前则要花费 2% 的 GDP 金额。但是这些都是值得的，所以我们现在已经有很多的项目，还有很多的资源来帮助我们优化能源结构。我们也相信，对于我们的可再生能源来说，我们已经积极采取了这样的措施，来保障能源发展和能源安全。

《2030 可持续发展议程》的实现需要多边政府支持，需要全球治理进一步提升。亚太地区正在全球经济当中扮演更重要的角色，这也意味着我们要承担更多的责任，推进多边主义发展和全球治理提升。

另外我们也可以看到，不仅仅南北之间要进行合作，特别是在贸易、金融以及气候变化方面，所以我要和大家谈谈如何进一步推动多边主义发展。

首先在贸易方面，我们需要看到的是在过去七十多年中多边贸易进行了自由化的多次谈判。在很多地区出现了逆全球化发展，因为现在很多国家采取了一些关税壁垒。我们也可以看到在全球化的竞争当中，总体关税其实已经下降了，从七十年前的 40% 降低到 4%，非常令人瞩目的进步！但是现在的问题并不是关税的问题，现在很多国家使用非关税的壁垒，从技术规范到程序壁垒。

在 2008 年的金融危机之后，很多政府通过一些其他的方式，包括行业补贴、金融支持来促进贸易发展，特别是商品和服务以及投资方面的发展。综合来看的话，二十世纪以来，特别是进入二十一世纪之后，贸易保护主义的言论和威胁与日俱增。对于多边贸易来说，现在遇到了新的挑战，多哈谈判之后有很多国家逆流而上，阻止了自由化进一步发展，因为他们要保护既有的利益。

现在亚太地区也在不断发展，特别是像 WTO 这样的一些贸易协议，我们需要不断加强这些协议的落实。要应对这些贸易保护主义，第一，我们必须要保障要捍卫 WTO 争端争议机制，我们要更好地建立起联盟，让 WTO 成员国齐心协力。第二，我们不应该在自由化的话题上做进一步的探讨，让我们改进规则的制定和规则的应用。第三，我们应该形成、加强地区的多边协议和机制，使得非歧视、透明和可预测性能够得到进一步的提升。另外，我们也要减少两极分化，减少贸易方面的能力差异。

接下来我想谈谈全球经济体量不断增加给金融发展带来的新问题。我们可以看到，现在在我们所有的资源加起来有56万亿美元体量，包括亚太地区的存款、外汇储备以及投资等。但是我们需要投入到环境友好基础设施方面的投资预计要达到27万亿美元的规模，而我们目前还远远没有达到这个标准。与此同时，每个国家仍有6%—16%的潜力没有得到开发。亚太地区的资本市场现在缺乏深度，缺乏流动性，而且本地的债券市场没有得到很好的发展。我们需要新的金融工具，要更有效部署金融工具，使得我们整个地区可以更好应对发展。当然我们也需要一些新的活力来增加金融实力。

我刚从美国纽约赶过来。（他们）现在有四亿美元来自官方投资，用于改善金融机制和税收体系，以便更好地应对国内的税收体制问题。通过更优惠的税收，使得国外公司也能够在利润转移方面更加合规。对于亚太地区国内的税务机构来说，我们也需要建立起一个发展合作机制。与此同时我们应该加强"南南合作"。中国现在也提出了非常重要的南南合作基金，以及包括"一带一路"倡议。这些措施都是非常积极的。如果要把所有的项目基金都进行罗列的话，可能还要再花十分钟。所有的这些方式，包括亚投行、金砖银行、丝绸之路基金，都可以推动我们多边的金融方案。

对于一些新的多边基金或者说资金的供应，可以动用几十亿美元的资金来投入到基础设施，投入到绿色融资，能够让发展中国家有更大的话语权，在这个方面我们应该继续加强，以便让新兴市场在全球金融体系当中能够得到更好的发展，这样可以使得我们2030、2040年的规划更好地得到实施。

最后，我们也可以看到气候变化的严重影响已经非常显而易见了。全球的温室问题，还有不断上升的海平面，也意味着我们面临严重的环境风险。2017年南亚地区的季风导致了1200人丧生，而且导致4000万人口受到了影响，损失达到了12亿美元。到2030年，洪水的灾害很有可能每年将导致2150亿美元的损失。空气污染、水质问题也非常严重，每年导致很多人丧生。

《巴黎协定》是一个新的动力，便于我们应对气候变化，我们必须要不断定期加强承诺，我们应该提升透明度，这样的话我们可以运用全球金融技术以及其他的方式来实现这一目标。而且我们要加强合规，对于那些无法实现承诺的国家和地区，应该对他们进行惩罚。还要建立起更好的社会经济和环境氛围，这样才能更好地落实《巴黎协定》。我们需要更多的国家献计献策，让公众、企业和所有的利益相关者都加入其中。

我们应该建立起相关的指标，来监测排放的指数。我们也希望不断制定解决方案，推动开放性的贸易机制，调动更多的民间资源来共同解决这些问题。我刚才讲了很多政策，还应调用民间的非政府组织来共同应对挑战。

在今天讲话的结尾，我认为在全球范围内，亚洲应该承担更大的责任，与此同时我们要让其他地区听到我们的声音。我们应该在全球经济金融建构中表达出自己的观点，建立与我们经济份额相匹配的话语权。

对联合国亚太经济社会委员会来说，我们希望支持所有的联合国机构以及我们的成员国在全球治理架构中提升自己的角色。希望有更多政府之间的协调平台，这些平台和解决方案对于我们来说是非常重要的。因为我们确实希望齐心协力来实现《2030可持续发展议程》，不仅仅亚洲要承担责任，我期待我们今天在座的各位都做出自己的贡献。

教育改变世界：大学与第四次工业革命[*]

演讲者：Michael Spence　悉尼大学校长

我们一直在关注大的格局，比如国际关系或者地缘政治的变化。这些因素当然是重要的，因为全球正处在一个充满不确定性的时期，而这些因素并不是唯一导致当前不确定性的源头，也不是唯一影响大学所要做的工作以及工作本身的未来的因素。因此，我想把我们的话题缩小一些，谈一谈教育者在变革的世界中所能发挥的作用，并且把我们的焦点从地缘政治转移到人工智能革命将如何改变我们的工作上。因为大学能在变革到来前的最后一刻为我们找到方向，无论是在国家之间串起人与人之间的纽带，还是在知识、理解、研究和教育之间架起桥梁。我非常荣幸能够带领悉尼大学的众多代表，与复旦大学在人工智能和脑科学领域上建立到目前为止我们在中国最重要的投资关系。

关于第四次工业革命对未来的工作和未来劳动力市场形态的影响，学者们意见不一，但都同意变化已经产生，并且变化的步伐只会加快。一些学者预计，在10到

---

[*] 上海论坛2019开幕式主旨演讲。

15年内，多达40%的现有工作将被电脑取代，那么目前在复旦大学和在悉尼大学的学生无疑要准备好面对日后生活中必然出现的几次职业转变，不仅仅是改变他们所需完成的工作或任务，而是完全转行，走上新的职业道路。大学研究的作用一直备受关注，但我认为我们要思考的不仅是大学研究和第四次工业革命，还有大学作为教育中心的作用。正是因为大学是教育的中心，是培养未来指引我们应对不确定性的领导者的地方，我们才需要思考尽管过去的技术革命基本上没有影响大学教育的作用，没有为大学教育提出新的要求，但第四次工业革命将彻底改变许多专业人士的工作，包括律师、会计师、医生等。正如路透社最近的一份报告所说，如今受教育越来越意味着拥有迅速适应环境变化的心态，并做出适应环境的举动。本周早些时候，习主席也谈到了拥有适应力的必要性。所有大学都面临的问题是如何培养学生，使他们在毕业后成为指挥机器工作的人，而不是被机器取代工作。我认为，想要达到这一目标，每一所大学都需要进行自我审视和改革。我们悉尼大学已经在这两方面做了很多工作，如果大家不介意的话，我会用悉尼大学作为案例来展开。此外，技术的变化也给教育的政策制定者提出了重要的问题，我想在我的发言结尾简要地谈一谈。

  首先，毫无疑问，大学必须仔细审视本科课程以及提供的课外经历，来判断其是否对学生的未来发展有所帮助。考虑到第四次工业革命所带来的影响，悉尼大学刚刚大规模改革了本科课程，这一过程涉及广泛的国际咨询，对象包括专家、雇主、学生和更广泛多元的社会群体。我们从一张白纸开始，询问他们一个学生究竟需要什么样的个人品质和智力素质，才能适应瞬息万变的工作环境。基于这些信息，我们设计了新的本科课程，旨在培养学生的核心素质。因此，悉尼大学目前所有的本科教育都有三个关键特征。首先是在深厚的专业知识和跨学科能力之间取得平衡。当然，在英语国家，本科教育模式呈现两极分化的趋势。英国的教育模式强调单一领域的学习，而美国则提供广泛的文科教育。我在这两个不同的教育体系中都有教学经历，因此我可以比较自信地说，传统的英国本科教育在有限的领域教给你无尽的知识，让你能够精通一个学科，而传统的美国本科教育是在无尽的领域里教给你有限的知识，也就是在各科都懂些皮毛。但人们普遍认为，能够在第四次工业革命中生存下来的教育模式必须是"T型"的，也就是在一个特定的学科领域既有广度，又有深度。深度是必要的，因为只有深入教学，才能让学生有效地学习批判性思维以及书面和口头交流的技能，由此才能提高对环境变化的适应力，这一点已经被反复证明。不过，学生们仍需养成一种思维习惯，透过表面看到某一问题或某一学习领域的复杂性。然而现代世界的问题，比如如何应对气候变化，如何应对全球政治力量平衡的变化和平等问题等等，本质上是多学科的问题。毕业生职业生涯成功的关键是能够在多学科的团队中工作，能够快速学习非本学科的语言和知识框架。在悉尼大学，我们以多种途径培养学生的这一能力。首先，我们加强了未来学科教育的严谨性，以确保每个学生在特定的学习领域都有非常扎实的基础。其次，我们要求学生们必须选修一些学习单元，这些学习单元对全校同学都开放，有些是关于一个多学科问题，有些是向学生介绍他们所不熟悉的研究方法。第三点，也是最根本的一点，我们让学生能够选择并鼓励他们选择第二专业，无论他们的本专业是什么，都能在大学的任何学科进行第二专业的学习。我们发现，学生们选择的专业组合跨度很大，并且都有深入的研究，这往往出于他们对未来发展的考虑。

我认为本科教育的第二个特点能帮助我们度过第四次工业革命的难题，因为我们的学生将面临的不仅仅是技术上的变革。世界日益紧密地联系在一起，但无论目前的连接多么紧密，许多政治家可能都在努力使我们分道扬镳。但是未来世界的联系终将日益紧密，文化也将日益多元化，技术的迅速变化使许多人感到自己的工作和未来充满不确定性。为了促进跨文化理解，传统大学教育培养的商业、公民社会和政府的领导者将越来越需要超越自身文化框架的能力。因此，我们把培养跨文化能力作为本科教育的一个重要目标。我们40%的澳大利亚学生在家除了说英语，还会说第二种语言，而且我们已经成功将第二外语纳入学位课程的一部分，使得每个人都有机会学习第二外语。此外，悉尼大学已经有越来越多的学生赴海外留学，比澳大利亚其他大学都要多，中国也是他们的一大留学目的地。同时，我们也实现了战略目标，让至少二分之一的国内学生在海外进行长期学习。

最后，我们深入思考了课程学习的内化以及如何在课堂上培养跨文化能力。我认为我们在本科教育的第三个特点上所做的规模是独一无二的，因为悉尼大学有近7万名学生和教师，而我们要求所有的学生都必须进行一次长期的在现实世界里解决问题的实践。在此背景下，我们与澳大利亚、中国、印度、英国和欧洲的公司和民间社会组织合作，请他们找出一个他们正在解决的实际的战略问题，不能是人为设计或是编造的问题。然后他们需要与我们的学生和学者团队合作，在多学科的研究中找到问题的解决方案。学生需要在设计解决方案时体现出自己的学科对解决方案的贡献，以及他们在多学科环境中的合作能力。这一实践将许多学生在本学科学到的知识、多学科的学习和跨文化的能力结合在一起，为他们迎接变化的世界做准备。在现实世界里，他们需要解决的问题没有任何边界，他们的人际关系处理能力与核心智力和专业技能一样重要。迄今为止，我们在世界各地合作过的组织对这一实践的反馈都很好，其中许多组织最终采纳了我们的学生想出的解决方案之一。这一实践还将学习和实习巧妙地融为一体，使学生们在实习中的体验各不相同。

　　与本科课程的这三个特点相辅相成的是，我们正努力确保我们的校园生活能够培养学生具备未来领导者的必要素质。据我所知，这是许多中国大学目前正在努力实现的目标。虽然有人预测校园生活将会消失，被数字世界中的生活所取代，但我们相信面对面的互动和交流，尤其是在高等教育的校园中获得社交、资本和人脉网络，对我们的学生来说越来越重要。正是在校园的课外活动中，学生们往往能获得许多所谓的人际交往"软技能"，这些技能的培养是人工智能永远无法取代的。此外，澳大利亚三年制本科毕业生的就业率正在下滑，因为雇主们表示他们越来越相信，要培养一名学生在现代职场中的竞争力，需要四年时间的高等教育才能逐渐成熟。可以说，随着工作中不确定性的增加，雇主们所说的这一点将会不断应验，因为学生的竞争力很大程度上是在课外空间养成的。

　　这就是我们如何看待处在第四次工业革命影响中的本科教育问题。听到雇主们谈论传统大学教育的价值，以及大学所面临的挑战和对一些新事物的思考，我感到非常欣慰。世界各地的大学都在进行实验，让学生为不可预测的未来做好成为领导者的准备，但我们所说的"T型教育"、跨文化能力和将学习的知识运用到现实世界来解决问题的能力，是使得目前所有实验得以成功的关键。

　　第四次工业革命给大学的教育目标带来的第二个挑战是研究生学习和终身学习。随着各地授课式研究生课程市场的萎缩，大学需要考虑的问题是在多大程度上参与"60年课程"（The 60 Year Curriculum）这一计划。加州大学欧文分校的教授加里·马特金指出，开展"60年课程"计划的核心意义是在人工智能所带来的第四次工业革命的影响下，教育比以往任何时候都更广泛地延伸到职业生涯的各个阶段，因为职业在不断地发展甚至彻底改变。随着一些职业消失和一些新的职业产生，工作者的职业生涯在不断调整，很难保证他们能在需要的时间获得所需要的教育，无论是专业知识教育还是"软技能"的培训，这对他们来说都是不可或缺的。因此，不同的教育体制正在以不同的方式重新讨论个人和雇主提供教育的责任，需要在工作者的职业生涯发展中不断为他们提供相关培训。未来我们将会面临的问题是，当前的很多工作者在职业生涯中不仅将面临工作岗位的改变，还可能面临整个行业的消失，需要从头进行新的培训。而我们目前明确的是，通过传统的研究生学位和文凭进行再培训的模式过于死板和昂贵，无法满足广大劳动力的发展需求。尽管我们开设了研究生课程或授课式研究生课程，比如很受欢迎的工商管理学硕士（MBA）项目，但这些课程通常是作为本科教育的补充，是一种无工作经验的教育，只是给本科教育画上一个完整的句号，而不是一种从业的资格认证。除了这类课程之外，还有一种方法是与私立的线上教育平台合作开发在线的授课式研究生课程，大多数大学包括悉尼大学都开设了很多这样的课程。学生们为了完成这些网络课程的学习，需要投入大量的时间和精力，通过课程后将由大学授予相应的"微证书"（microcredentialing），也就是划分更细、门槛更低的学业水平证书。学生可以获得单一课程的微证书，还有机会通过学习多个课程得到更有含金量的"微学位"。对于每一所大学来说，问题就在于他们愿不愿意进入这个新的市场，在线上开展更具灵活度的课程。当然，过去十年中大量出现的在线课程慕课（MOOC）就是一个大规模的尝试。悉尼大学与其他大学一样开设了很多慕课，基本上所有大学都有这样的线上课程。但大学在此类课程上的投入较低，而且大部分的慕课都只是为了宣传学校的主流课程而推出的试用品而已，让更多的学生通过慕课尝鲜，提高学校的知名度。此外，大多数学校依然延续了提供延伸教育和专业发展课程的传统，慕课只是极少数能够大规模开展的"微证书"项目。对很多大学来说，系统性地进入"微证书"市场是一个更大的难题，因为要想有效地开展工作，教研人员所需要的能力往往是跨文化的技能，而不是单纯的研究能力，再加上学校计划在这一领域投资的多少也是一个大问题。然而，基于第四次工业革命所带来的巨大的学习需求，线上课程所产生的财政收益将会非常可观。很有趣的一个问题是，这个市场究竟是一个全新的市场，还是对现有市场的扩大，比如新加坡国立大学就只面向校友开放线上课程。

最后，大学需要重新思考的不仅仅是本科教育、研究生教育、"微证书"以及"60年课程"，还有如何应对第四次工业革命为整个高等教育部门带来的巨大挑战。目前，大多数政府都对这一挑战无动于衷。这不仅仅是针对个别大学的挑战，而是对整个高等教育体系的挑战。传统的大学教育和职业教育的区别在于分工不同，至少在西方存在一定的阶级差异，比如机械工程师和技工之间就存在这样的差距。然而如今这些区别已经十分模糊，因为第四次工业革命将越来越需要高技术水平的工人，而这些工人不一定需要具备大学教育所要求的全部素质。国际上的大型科技公司都在抱怨，工程学和机械学之间的传统区别已经不再显著，他们需要的是将这两者结合的技能基础，然而这在许多发达的经济体中都有所缺乏。德国和新加坡的高等教育部门对众多科技大学面临的这一挑战给予了高度重视，其中新加坡政府已经在技能基础教育上大举投资，我们澳大利亚政府和其他国家的政府也有所行动。中国政府是否也对高等教育进行了全面的思考？为了建立一个服务于劳动力需求的教育体系，在职业生涯的各个阶段提供所需的各种技能教育，政府应该在其中起到关键作用。

我们今天上午讨论的问题可能是会让人在半夜辗转反侧、苦思冥想的问题。对于毕业生来说，即使这些问题已经解决，他们在工作中还是会感受到越来越多的不确定性，因为人工智能使得劳动力市场不断变化。因此，大学有责任思考什么样的教育体系能够面向未来。政府不仅要一如既往地在大学的科研方面投资，在全球争取领先，还要在人才培养上争先，尤其是对领导者的培养，因为我们的世界风云莫测，跨文化能力日趋重要，需要领导者为我们指路引航。我们悉尼大学很荣幸能够分享对这些问题的思考，特别是能与复旦大学这样的顶尖学府共同思考与讨论。我们相信，复旦大学所在的西太平洋地区是世界上最具增长动力和活力的重要部分。

以系统化思维看绿色能源变革对人类的影响*

演讲者：Frans Berkhout　2007年诺贝尔和平奖接受者之一，
伦敦国王学院社会科学与公共政策学院常务院长

今天我将会谈到如何把我们的能源体系从碳密集型转变成低碳。我的发言略偏学术，会基于我和很多人在过去十年里所做的向低碳体系转型的研究。出于对资源和气候变化以及对包括城市空气污染在内的地方环境问题的担忧，人们开始考虑向低碳转变。但是人们往往只关心新技术的引入及相关的价格成本，而我觉得我们可以从更为宏观和系统化的视角来考量这个问题。

这种系统创新如何在相当长的一个时期中得以实现将是一个巨大的挑战。这既是分析上的挑战，也是政策制定上的挑战。我简单介绍一下在社会和技术层面国际体系变迁的思考框架。尽管许多人现在仍然对《巴黎协定》产生的一些成果不太乐观，因为能源体系从原来的碳密集型向低碳型变迁的速度缓慢，技术以及经济和金融等方面的障碍都在阻止这个进程。但我对此相对乐观。在很多方面都可以看到，其实全球低碳社会的建设已经在进行之中，而且这种转变比我们预计得更快。

---

* 上海论坛2016闭幕式主旨演讲。

当我们谈到系统性变革和创新的时候，不仅仅要引入新技术，同时也要引入能让这些技术得以运用的机制性架构，当然更重要的是要改变人类的行为。我们正在考虑经济、文化等机制性架构的深度变革。有时候我们会用到一些词汇，不管是"变革"也好，"过渡"也好，我们所指的内容都是一样的。有时我们还会使用其他的词，比如说"门槛"、"临界点"等。我们应用全新的视角来看待体系的变迁和转移。这个在学术研究中有很多争论，但我无意区分，只是想告诉大家有不同说法而已。

每次谈到变革，我们其实是在说两种不同的变革。在我研究的创新经济方面，我们经常采取循序渐进式的变革，比如说周期性地每年提升1%或者2%的能源效率，这是一种变革。另外一种是更为激进的、非连续性的变革。它会一下子把我们的组织方式、行为方式提到新的阶段，比如说太阳能、风能、电能等能源的开发，实现从量变到质变的转移，整个体系会进入全新的组织阶段。渐进式变革和激进式变革往往是同时发生的。追溯历史，渐进式变革比激进式变革更为重要且主流。

当我们谈到技术变革，特别是谈到从一种社会技术体系向另一种社会技术体系转变的时候，我们常关心这样的变迁能有多快。当然，涉及低碳技术的引入与发展，能源、交通、农业体系的变革，我们也关心它们到底能多快实现。但是，技术发展的历史证明变革往往是缓慢的。实际上，社会技术体系最重要的特征之一就是有序和稳定。以造纸为例，最早的一个造纸机是在1840年由两个法国兄弟在英国发明的。这是一项全新的造纸技术，这跟我们今天在中国造纸厂看到的标准造纸机其实是一样的。人们将相关的纤维物质放到网上面进行干燥化的处理，这是一个非常耗时，但却简单而高效的过程。

我们目前的基础工业所依靠的技术以及与之相关的技术体系都是相当稳定的。不仅是技术本身没有发生变化，而且与之相关的市场本身也没有发生太大的变化，市场的基本面、生产的方法、相关生产实践等都没有发生太大的变化。因此，变化是很难实现的。比如福特汽车，历经发展仍然还是四个轮子，一个发动机，这些技术都是同样的技术。当然2016年的新款更舒服，更安全，还有车顶，因此下雨的时候不会被淋湿，但是基本上还是一样的东西。制造商可能说我们每年都会有创新，但事实上都是一样的东西。其实在技术发展方面，这些所谓的社会技术制度都存在巨大的惯性，变化非常慢。

社会技术体系中关键的一点就是要保持稳定和有序，但是是否还有别的例子来说明技术可以发生急剧的变化呢？其实是有的，那就是我们的信息领域。对比最早发明的电话，和我们现在使用的 iPhone 手机，就是整个社会技术构架里面出现快速变革的一个例子。通常在这个社会体系当中，很多体系都比较稳定，包括能源系统等。但是我们也会看到有大量技术的跨越式的变化。正是这样一些变化可以促使我们更多地考虑和建立低碳绿色经济。

在这样一些技术的突变中，究竟发生了什么样的变化？这些技术所构筑的生产系统、交换系统、经济结构相关的社会实践和标准都发生了变化。对汽车而言，可能汽车在未来不仅仅是把你从一个地方带到另一个地方的交通工具，它也是身份地位和财富的象征，是个人成功的一种表现。

当我们谈到所有过渡和低碳经济转型的时候，我们需要的是一系列相互关联的变化，而不是单一的变化。Frank Hales 不久以前出版的论文会告诉大家这个所谓社会技术架构是什么样的。但是我们知道任何一个机器都是深深植入于不同的规则、实践、架构当中。没有这些外部的东西，你是不可能使用这个机器的。比如说就一台车你需要培训驾驶员、加油系统、能源供给系统、道路系统等。我们只有具备了外围的这些基础架构才能够确保这样一台汽车得以使用。当我们需要体制性的变化，那所有的这些因素都要改变，才能够完成重大的转变。

在这个社会技术构架的变化中我们需要关注的另一个重要问题是它的目的和动机。有些变革是以人的意志为转移的，是我们出于某种目的而引入的。比如说在工业革命的早期，在欧洲出现的这种蒸汽动力房，并非由政府大力主导和推进或由民间团体倡导，而是因为这样一些蒸汽动力房的建设，能够为当时发展的制造业提供很多的帮助和优势，因此而得以广泛应用。还有些技术之所以被研发出来，就是为了能够对系统进行改变，比如说核电。从 20 世纪 50 年代开始，核电就逐步改变了美国和欧洲的能源结构。尽管我们知道核电能发挥非常大的作用，可以实现低碳经济，但是要引入这种技术并不是完全没有困难的，因为它本身也可能带来环境污染，或者核武器扩散的风险等。所以在社会技术架构中，要引入改变，有时可能是渐进式的变化，有时这种变化则是有一个明确目的和动机的变化。但后者并不一定是善意的。显然，向低碳经济转型应该是由人的意愿所主导的变化，是政府和社会所希望的，但是我们必须认识到在这当中有一系列的风险伴随左右。

关于转型变化，我们有不同的理论。我们也许关注更剧烈的变化，我们也可能关注革命何以发生。革命往往与斗争相涉，低碳变革当然也会带来新旧技术之间的一系列政治性、经济性和工业上的斗争。因为毕竟新技术企业会对现有的技术企业产生冲击。其中也许存在周期性的规律。

当我们经历了与增长和发展有关的深刻变化时，熊彼特的理论告诉我们这种变化虽然会对既存秩序造成破坏，但这是创新性的破坏，在破坏旧秩序后会产生一个新秩序。所以在变革过程中一方面会有痛苦，另一方面也会看到希望。

最后我想说，在长时间的调整之后，我认为全球范围内已经出现了新的低碳架构。这些变革都是相互关联的，而这些相互关联的变革清晰地告诉我们，我们正身处这样的变革过程中。我们不是在等待变革，而是身处其中，而且变革的速度越来越快，也许未来会以更快速的趋势呈现在我们面前。

2016年5月早些时候，葡萄牙全国连续四天只用可再生能源。他们把所有的电厂关掉了，不用油，不用煤，不用核电。整个国家整整四天只用太阳能和风能。就在三年以前，葡萄牙整个电网之中30%的电力来自可再生的能源。如果放在十年前，你和别人说一个欧盟国家四天只靠可再生能源就能运转整个国家，别人可能会说你疯啦。当然，葡萄牙是个小国家，不是工业化程度很高的国家。但是无论如何这本身就是对未来的重要信号。

另一个例子是《金融时报》2016年5月报道的一个例子。现在世界各地有810万人在从事绿色技术和绿色产品的生产。而在传统就业领域，就业数量不断下降。所以很显然现在已经有足够多的证据证明，新技术出现在哪里，新的投资机会就在哪里，新的迅速增长点就在哪里。

在亚洲，中国扮演了极其重要的角色，因为最迅速的增长都汇聚在这里。在过去两年，全球50%以上的能源投资进入可再生能源领域，现在可以清楚地看到这种投资趋向是怎样产生的。但是不要忘记在现有系统和架构当中存在的惯性，他们不太愿意变化。如果在投资界超过50%的投资进入了可再生能源，很显然，这个趋势已经很明显而且是不可逆转的。市场已经开始掌控局面，新的大环境已经呈现，未来趋势明朗，我们现在正在经历这样一场绿色能源变革。

| 上 篇 |

发展：
我们希望有更好的世界

一、全球化再思考

二、区域发展新格局

亚洲合作深化发展：机遇与挑战^{*}

演讲者：Susilo Bambang Yudhoyono　印度尼西亚共和国第六任总统

首先我想说，印尼和中国的双边关系是稳固和持久的，我们之间的友好合作伙伴关系也在不断深化。历史上，两国的双边关系曾经有过波折，但是在2005年也就是我的第一任总统任期内，两国关系进入到一个全新的时期，建立了战略合作伙伴关系。在这之后，我们不断加强并扩展我们的合作关系。我相信我们的新总统也会继续加强两国间的友好关系。

这次论坛的主题是有关经济全球化和亚洲的选择，年会主题则是互联互通与创新，对我们来说恰逢其时。亚洲地区在不断发展，经济全球化也在不断深化，在这样的大背景下，我们召开这样一个论坛是为了观察亚洲最新的发展趋势。我们希望能够更好地展望地区的持续发展，并进一步建立起一个亚洲命运共同体，以确保亚洲这个全球经济发展的引擎能够不断发挥作用。

在我们探讨亚洲地区的问题之前，我想首先给大家介绍一下我对于全球发展的

---

* 上海论坛2016开幕式主旨演讲。

一个愿景。我认为 2016 年对于所有国家来说都是挑战之年，我们将会发现全世界的地缘政治与经济都会在 2016 年有很大的波动，其波动的范围也会不断扩大。只有基于战略性的互相信任，我们才能不断发展。整个亚太地区的安全问题也有待于进一步的解决，新的挑战会不断出现，但是我们也会不断创造新的机会。相信很多的亚太国家，包括菲律宾、日本、韩国，甚至澳大利亚，都会继续做出自己的贡献。

和 2015 年相比，我们的经济也有所复苏。但是在 2016 年，我们可以看到 IMF 对于经济形势进一步的展望。IMF 认为整体经济的减速时间太长，造成了新的挑战。我们也可以看到全球经济可能只有 3.2% 的发展，新常态还在不断深化，这种时候新挑战则意味着我们的失业率比较高，经济的增速还是会持续走低，很多地区的经济增长不足 1%。所以在经济发展的过程当中，还是会经常遇到影响持续发展的因素。

当然很多东盟国家还会保持发展增速，速度可能会达到 4.7%。包括缅甸、越南在内的一些国家，可能会比东盟六国的发展速度更快。但是我们也可以看到，做出一个决策会有很大的难度，况且还有很多不确定因素摆在我们的面前。我们还需要考量，对于中国来说其经济水平是不是还会继续快速发展呢？当然，我相信中国的整体经济还是会持续发展的。我们也很关心其他的一些问题，例如今年的美国大选究竟谁会最终胜出，比如我们在应对 ISIS 的战斗当中是不是能够成功，以及恐怖主义会走向何方？所以对我们来说，还会有很多事件都是在预料之外的。任何发展可能都是瞬息万变的，所以这些不确定的因素对整个地区都造成了非常大的挑战。在这样的大背景下，对于亚洲国家而言，我们必须了解自身的现状，希望我们的年轻人、我们的大学能够对于这些问题进行更多的思考。

我们希望有更多的人能够从战略的层面来讨论亚洲政治和经济在未来的发展。与此同时，我们也希望一代代人都能了解我们整个时代、把握时代的发展。其实对我们来说，有很多发展的动力能够改变亚洲的现状。首先，应该将经济发展作为我们的一个核心任务，整个社会的发展也需要以此作为凝聚力。另外，我们不仅仅要在政治和经济方面做出改善和贡献，还需要在整个思想方面有所突破。

我们可以发现，城市的发展与经济的发展都和收入的发展紧密相连。根据亚洲银行统计，预计在 2025 年之前还会有 30 亿人口要进入城市当中，这也是城镇化的新趋势。我们也可以看到，现在拉丁美洲以及其他的一些发展中国家，将会有更多的贫穷人口进入城市当中。也就是说，我们需要在这 30 亿贫穷人口进入城市之后帮助他们脱贫。我相信对于亚洲来说，会有更多的企业家崛起。在这个会场里，我们可以看到企业家的人数也在不断增加，而且我相信他们也会不断地推动整个社会的发展。我相信企业家精神是对整个社会发展非常重要的推动力，能够帮助我们化解风险，让我们能够做更多的事情，注入更多的能力，继而不断创新。我们需要在不断的创新过程中鼓励整个社会更快地发展，对于中国来说更是如此。

习主席特别讲到过，在新常态的发展过程当中，一个非常重要的支柱就是创新。习主席还曾讲到，如果能够有效运用创新思维，便能够在更大程度上发挥我们的人力资源。对于印尼来说，整个十年的黄金发展也依托于将创新放在最重要的地位。创新能够为未来奠定扎实的基础，使得我们能够更加和谐地发展。只要企业家精神能够不断推动创新，就能使自然资源得到更加明智的运用。在经济发展的过程当中，社会包容性与环保的发展应该同步进行。这也是绿色发展及可持续发展的一个基石。

我们非常赞成环保及包容地发展。在生产的过程当中，应该提倡更低的成本、更快的速度、更环保的方式。与此同时，中国有那么多的企业家充满着雄心壮志，不仅仅在帮助社会提高生活水平，而且也在提升整个社会的平等性。我相信企业家精神已经成为亚洲发展最重要的动力。还有一个重要的发展动力是我们的联通性。在 20 世纪，大家只关心自己的主权，但是在 21 世纪，我们更多地讨论互联互通。我们需要经常考虑，我们和世界经济的互联互通程度如何，我们需要和全球的市场、全球的想法乃至全球的基础设施进行互联互通。所以我必须要强调，互联互通的力量是非常重要的。

在我的国家，贫穷人口不仅仅缺乏经济手段，也非常孤立，经常会感到无助，只能接受自己的命运。但是互联互通就能帮助他们改变命运。对于一个穷人来说，他们现在被赋予更多的力量，他们会和其他人更顺畅地联系，因为他们可以使用社交网络和电子邮件。通过这些数字化发展，贫穷人口就有更多的能力触及整个世界。中东的很多年轻人不仅贫穷，而且没有工作机会，所以在"阿拉伯春天"的动乱当中，他们也是首当其冲成为失落的一代。而我们在整个经济区域化的发展过程中，需要有亚洲的整体参与，以获得更多动力并改善亚洲的局势。

我在担任印尼总统的时候就对国家主义精神有所思考。如果要快速发展，就必须要解决民族主义的桎梏，更多向区域发展。所以说即使是区域合作，我们也不应该仅限于亚洲，因为我们不能把亚洲自身孤立起来。因此对于包括欧盟在内的其他地区，我们也需要在战略层面推动合作与发展。

东南亚的发展情况稍好一点，东盟（ASEAN）已经从五个成员国拓展到了十个，遍布整个东南亚地区。东盟的参与国和成员国也已经成为一个命运共同体，不管是从国家命运，国民认知还是身份识别等各方面看，都已经有了相当高度的共识。东盟各国必须建立更多安全感，同时在其国家的整合和互联互通方面有更多的作为。在中国的"一带一路"倡议中，东南亚地区将会受益匪浅，这也要求东盟国家提升自身的建设状况，不断加强地区经济的稳定程度。亚洲地区的健康成长会有利于整个世界经济的健康发展，成为世界经济的助推器和强心剂。

在本次论坛上我还想呼吁，要进一步加强地区的整合和联结。

第一点，在亚洲地区，我们必须加强合作，打造整个亚洲的命运共同体。同时，我们也希望包括东盟在内的整个亚洲地区能够进一步地走向稳定和安全。在21世纪，我们需要在思想上、行动上，以及在经济和政治的各项准备当中做好充分的应对，以面对新时代的挑战。我们会遇到全新的问题，而我们有信心解决这些问题——只要我们能够改变思维定式，运用联合的思维以实现问题的解决。

第二点，我们必须进一步完善各方面的合作基础与合作架构，特别是在所有的利益相关方之间建立起命运共同体的意识。我们必须不断关注同一个问题，即如何建立互信、互谅、互通的沟通机制，将不同国家的发展轨道置于同一个战略信任与合作的基础当中。这样的合作和增长，必须基于我们目前已经开展并且已经富有成效的对话和交流机制，稳定的互相尊重也将成为解决未来问题的重要基础。有许多国家在资产的动员及思想准备方面比其他国家更为先进，我们需要在这方面不断加强平衡和协调。

第三点，我们必须建立更多的自信，要相信可以通过我们的力量不断解决潜在的问题。我在前面已经跟大家分享了我对未来亚洲的展望，那就是未来的亚洲一定会比现在更好。我乐观地认为，未来亚洲会不断走向成功与繁荣，而且不断走向和平。但是，这样的未来并不是我们唾手可得的，我们必须不断加强合作，用不断的付出和辛勤的汗水加强地区一体化。如果不加强地区一体化，就很有可能失去前进的动力，这是有很多失败的案例可循的，而且这种预判在短期内可能就会兑现，很可能会使得我们现在业已取得的成果付诸东流。我们需要持久作战并保持意志，使得亚洲在全球化的竞争当中依靠不断的一体化做出实实在在的工作，持续发展。

我想在最后向大家再次强调，我们必须加强合作，携起手来，不断夯实并延续亚洲地区区域一体化的基础和未来。

欧洲经济现状与国际合作中的亚欧互补关系 *

受访者：Fabrizio Saccomanni　意大利前经济财政部长
采访者：陈志敏　复旦大学副校长

陈志敏： 萨科曼尼先生，欢迎来到上海论坛，我很高兴能够在上海继续我们的谈话。您曾担任意大利财政部长，并深入参与了欧洲经济挑战的管理。相信您对现在的欧洲经济现状一定有很多想谈的。首先让我们看一下希腊问题，希腊政府正在与欧盟和国际货币基金组织就新的纾困协议进行谈判，现在的希腊政府一定希望能够结束部分经济紧缩政策，同时希望能得到新的国际贷款。所以基于您的观察，您如何评价此次谈判的进展，能否避免希腊退出欧元区的情况？

Fabrizio Saccomanni： 我认为现在已达成的共识是，希腊若退出欧元区不仅对希腊不利，对整个欧元区来说也是不利的。现在各方正在尽全力寻找一个可接受的解决方案，这意味着，希腊政府需要有更好的方案来调整计划。因为之前的计划并不可靠，让希腊的底层民众付出很大代价，给人的印象是富人并没有为解决希腊问题做出什么贡献。而现在，欧洲的其他国家，包括意大利，也赞同希腊政府应当规划出一个新的欧元区计划。现在的主要问题是目前该计划并不具体，只有几条通项。

---

* 上海论坛2015高端访谈。

当前双方都在加紧达成共识，我也相信未来将会产生一个较好的解决方案。但正如你所说的，目前希腊急需更多国际贷款，我认为他们也必须准备一个切实可行的改革计划。

陈志敏： 所以，您对找到这样一种解决方案持乐观看法？

Fabrizio Saccomanni： 我相信各方都希望避免最坏的情况，而目前各方都期待对方会在最后时刻做出较大让步，这并不是解决问题的正确态度。各方若想真正取得进展，必须重视并尽早拿出解决方案。

陈志敏： 对于欧洲整体而言，自从2009年欧债危机之后，欧盟一直致力于建立应对危机的必要机制，现在有了这些方法和机制，您认为欧元区国家有能力在今后避免类似的大规模金融危机吗？

Fabrizio Saccomanni： 我对欧洲能够避免大规模金融危机很有信心。正如你所说的，欧盟已经在许多重大问题上达成了一致并建立了欧洲稳定机制（ESM），对包括爱尔兰、希腊、葡萄牙、塞浦路斯在内的5个重债国提供了金融救助。欧洲稳定机制融资总额超过2000亿欧元，加上其他资源总共可以动员7000亿欧元。且现阶段正在推进建立欧洲银行联盟，创建欧洲央行监管下的单一监管机制，这将为所有欧洲银行提供金融保障。欧洲央行也最终通过并采取了扩张性的货币政策，这些措施都能保障欧洲国家有机制与能力来预防未来的债务危机，并促进现阶段经济恢复性增长。最新的经济数据表明，几大欧盟国家已取得了显著的经济复苏迹象，不只是德国，也包括法国、西班牙、意大利，这意味着欧盟正在逐渐走出欧债危机。欧洲没有一个单一的政府，至少在经济政策上没有一个单一的政府，也正是这一原因使得欧债危机变得十分复杂。但现在统一由欧洲央行制定货币政策，也出现了应对欧债危机的欧洲稳定机制，而现阶段，欧洲稳定机制将会为欧盟国家的金融现状稳定化提供强大的援助并促进经济增长。

陈志敏： 这是个好消息。但现阶段还有一个复杂的因素，也就是俄罗斯。在乌克兰危机的较量中，欧盟已经对俄罗斯实行了一些经济制裁。您如何评价这些制裁，不仅从对欧洲经济的影响角度，也从所谓的"试图改变俄罗斯政策的有效性"角度考虑？

Fabrizio Saccomanni： 这对于欧洲来说是一个重要的政治问题。对俄实施经济制裁无疑会对许多欧盟国家造成影响。从经济角度而言，前几轮经济制裁对于欧盟国家的影响很严重，当然也包括意大利。意大利和俄罗斯曾有着密切的经贸关系，对俄经济制裁对意大利的影响是消极的，也正是因此，我们希望乌克兰冲突各方能够重新开启谈判，各方能够互相了解并共同寻找切实可行的解决方案。我认为俄罗斯也必须接受，如果希望能在国际社会中继续保持合作伙伴关系，他们必须在行动上做出改变。我在担任欧洲复兴开发银行副行长时了解到乌克兰的局势十分难管理，因为乌克兰国内有较大分歧，分为亲欧和亲俄两派。乌克兰想要保持国家统一就必须要有一个强势的领导人，而这一点是非常难实现的。

陈志敏： 根据最近几天的新闻，我认为对于意大利甚至对于欧盟来说最大的挑战可能是来自北非，特别是来自利比亚的非法移民。而最近欧盟也做出了决定，在地中海发起军事行动，拦截走私移民的船舶，还提出要在公海上甚至是利比亚海岸边捕获或击沉走私船，请问您如何评价这些提议？此外，大量非法移民已经到达了意大利，意大利将会如何处理这些移民？

Fabrizio Saccomanni： 对于第一个问题，我认为欧盟各国已达成共识，任何针对利比亚的干预行动的升级必须经联合国安理会批准。虽然一些原则性的问题已达成了一致结论，但具体实施只有在联合国安理会达成积极结论后才能实现。目前，欧盟外交官也在与中国、俄罗斯、美国合作，来商定在何种条件下可以启动有关针对利比亚的干预行动，所以在现阶段我不能对这些正在商讨的细节做出评论。实际上，许多人贩子正在重新利用船舶来完成对非法移民的往返运输。对于第二个问题，现在很难判断已到达意大利的移民是否非法，这个问题也不在我了解的专业领域内。但是，据我了解，许多来到意大利的移民离开原来的国家是为了摆脱贫穷或躲避战火，很多非法移民来自叙利亚、苏丹等国家，这些国家局势不稳定，冲突和战争频发，所以很难决定这些移民是否非法。拒绝这些非法移民也出于一种担心，即这些移民中可能有来自 ISIS 等恐怖组织的成员，所以我们必须格外谨慎。我认为加强与法律部门的合作十分重要。问题是现在利比亚有两个分立的政府，一个控制着西部，另一个控制着东部。除非双方达成协议共同监督海岸现状，不然很难商讨出一个切实可行的解决方案。现在联合国和欧盟各国也达成了共识，这也是一个十分重要的进展，因为最初的认识是这些移民都去了意大利，所以非法移民问题只是意大利的问题。但实际上，很多移民都希望到别的国家"投靠亲戚"，意大利对于他们来说只是一个中转站。因为从地理上来说，意大利距离北非海岸只有 80 英里，所以它是这些移民们的普遍目的地。但现在欧洲对于这个问题已有了更深的了解，这不只是意大利的问题，也是关系各国的问题，来到西班牙、希腊和意大利的移民都想最终到别的国家安顿下来。

陈志敏：下面我有几个问题，可能对中国来说更为重要。继英国之后，意大利决定加入亚洲基础设施投资银行，也就是亚投行（AIIB），您认为是什么原因促使意大利做出加入亚投行的决定？亚投行又应该在亚洲发展中扮演什么样的角色？

Fabrizio Saccomanni：首先，意大利选择加入亚投行是因为建立促进基础设施建设的机构是一个很好的概念，长期以来在基建方面的投入不足一直是世界性的问题。从马可·波罗时起，欧洲人就已经意识到中国与欧洲距离并不遥远，能通过亚洲将欧洲与中国联系起来的投资是十分重要的。同时，亚洲还有部分贫困地区，亚投行能为这些地区带来刺激经济的投资并促进现代化建设。因为我认为基础建设投资大多集中在高新科技领域，涉及交通、电信、能源、产量分配等领域。这在一定程度上也能应对一些国际性的问题。我也有幸会见了中方首席谈判代表并讨论过这件事情，我的理解是亚投行将不会和世界银行或亚洲发展银行构成竞争关系，而是在现阶段基础建设上起补充的作用。目前，欧洲也正在着手基础建设投资基金的建设，这是欧盟委员会主席容克先生推出的新计划的一部分。我认为我们双方可以实现一种方法上的整合，现在正是一个共同合作促进国际基建投资的好时机。我希望双方能一直对基建投资这一理念进行推广实施，尤其是要将基础建设和技术创新联系在一起，做一些实事来增强经济活力，帮助经济复苏。

陈志敏： 今天下午，我们在一个研讨会上讨论了这个问题。有一个问题，希望您可以给我们一点答案，即如果英国没有宣布加入亚投行，欧洲其他国家是否会决定加入亚投行？

Fabrizio Saccomanni： 就我所知，各国关于亚投行的谈判几乎是同时进行的，中国方面也是几乎在同一时间将此重要消息通知了几大欧洲国家。我们原计划该问题将会于 2015 年 5 月底在德国举办的 G7 财长会议中进行公开讨论，而英国则在会议前已宣布其决定。这可能也与英国国内政治原因——大选——相关。意大利宣布加入亚投行并不令人意外，宣布最终决定只是一个时机问题，并不会因为英国的决定而改变想法。这只是一个时机问题，而英国选择走在最前面。

陈志敏： 除了亚投行之外，中国还有另外一个名为"一带一路"的倡议，从您的角度，您如何评估欧洲对中国这些倡议的反应，欧洲的基础建设投资项目是否与中国的这项倡议有着一些真正实质性的重叠或融合，我们是否可以整合或协调这些部分并促进双方发展？

Fabrizio Saccomanni： 我对这个问题的印象是，在整个国际社会中，基础建设投资不足的一个原因是私人投资者普遍偏好短期股权投资，他们认为基础建设的投资风险相对较大，因为其时间长、不确定因素大，经济和政治状况可能会发生改变。同时私人投资者想要了解与投资相关的监管制度，他们也一直在强调监管安全的重要性，他们会想要了解哪方将会决定电力价格、油气分配、网络等等。我认为目前世界范围内，相关的风险管理这一块做得还不够。在基建投资的相关倡议中，亚洲和欧洲可以起到互补的作用，因为亚洲国家对亚洲现状比较了解，而欧洲国家则对欧洲现状更为擅长，包括对东欧的了解，因为通过欧洲复兴开发银行我们已经在那里开展了一系列项目。我认为互补性是十分关键的，需要对每个项目进行较好的评估，对其执行进行监管。亚欧必须一同努力，让所有相关的机构都加入进来，同时也必须提供一定等级的监管安全保障，以保证项目执行时间，以及在后期不会有其他的补充和修改等。我们需要从这一点展开努力，而要实现这一点并不容易，因为需要大量经验的整合。而这带来的反响将会是积极的，因为会受到私人投资者的支持，私人投资者现在从投资中能获得的收益很低，而更长期的投资能够带来更大的利益。所以我们现在需要找到办法同时解决这两个问题，即投资较少和投资者获利较低。我们可以尝试将长期投资、高效执行和安全等级高结合在一起。

陈志敏： 意大利可以在中国的这些倡议中扮演什么样的角色？

Fabrizio Saccomanni： 意大利已经参与了许多发展中国家的基础建设项目，并且在世界上许多国家都中过标。我相信意大利掌握了许多相关的专业知识，从这点出发我们还能在一些之前提过的新方法中提供帮助。在欧洲的相关机构中，意大利能够提供一些新的意式方案。我们也希望能够有更多的意大利承包商和企业参与到国际基建项目，如道路、水坝、桥梁的建设中去。

北欧之路：挑战中蕴藏更大潜能 *

受访者：Dagfinn Høybråten　北欧部长理事会前秘书长，全球疫苗免疫联盟（GAVI）董事会前主席

采访者：刘春荣　复旦大学国际关系与公共事务学院副教授，复旦—欧洲中国研究中心执行副主任

刘春荣：感谢莅临复旦大学和上海论坛。您在复旦关于北欧模式的演讲以及上海论坛开幕式上的关于北欧合作的主旨演讲让大家兴起了一阵"北欧热"，希望今天我们也能着重聊聊北欧模式与北欧合作方式。让我们先从上海论坛的主题"互联互通"开始，您是怎样看待"互联互通"的重要性或本质？

Dagfinn Høybråten："互联互通"起源于一个显而易见的事实——我们是处于相同星球的人类。我们每个人都承担着集体责任。正是基于这一点，人类越来越明白相互依赖的重要性。独自生活或者仅关注自身的利益是不可能的，因为你的利益只是世界的一部分。"互联互通"的本质是"我不只有我，我还是集体的一部分"。随着气候变化和移民给人类带来更多的挑战，能源和区域资源等这些老生常谈的话题让越来越多的人更加关注。

---

* 上海论坛2016高端访谈。

刘春荣：相较于"全球化"，您认为"互联互通"这个词是否更适合描述人类现在的状况？

Dagfinn Høybråten：在许多方面，这是一个更好的词语，我想阐述的是一种普遍现象。它不是这几年才出现的，是由于我们面临的众多挑战而显现出来的。政治领袖、全球领袖以及地方官员都需要积极应对这些挑战。

刘春荣：北欧各个国家组成了一幅巨型拼图，虽然它们可能面积不大，但在许多领域，北欧国家取得的成就都处于世界领先水平。另一方面，北欧国家的形象是多样化的，甚至由于北欧国家对于社会福利与社会平等的重视，还被打上社会主义的标签。请问这是误解吗？那么北欧模式的本质优势是什么呢？

Dagfinn Høybråten：也许是误解，或者说是过时的阐述。北欧模式是公共利益和个人权利之间取得的一种平衡。北欧国家是市场经济，但也有高度的政府参与，不仅仅是在生产上，还在公共服务方面。北欧模式是与众不同的，因为一方面它在社会权利和社会福利事业上有很高的追求，但另一方面他要求公民有义务参与其中。你可以将其看作是一份社会合同。你获得与你的责任相平衡的权利，其中一个责任是支付税费——相当高的税费，但你获得免费医疗卫生、教育和免费基础设施以及其他公共服务作为回报。我认为，在北欧生活的大多数人会把北欧描述为有政府干预的市场经济国家，我们不需要其他标签。

刘春荣：中国目前正在加大社会支出投入，追求长期发展，稳定社会基础。普遍观点认为太多福利会影响经济的创新与竞争力。北欧国家是如何权衡这两样东西的？

Dagfinn Høybråten：两手抓。在北欧模型中，在你丢掉工作的时候你不需要担心极端贫穷，因为政府可能会为你提供某些帮助。在这种具有灵活性和保障的体系下，你就敢于去冒险，敢于去创造，从而提高了社会效率。所以我认为两者之间是有平衡点的。

刘春荣：面对老龄化、移民等诸多挑战，北欧模式的适应能力如何？未来是否会有一种始终如一的北欧模式？

Dagfinn Høybråten：我们十分愿意去调整和改革。如果你观察北欧的养老金制度，你会发现，北欧现在的养老金制度与15年前的制度相比，非常不一样。因为人口老龄化，我们必须调整和改革社会制度。我们需要随时进行此类的改变——不仅仅在社会保障领域，包括教育领域。如果我们不这样做，恐怕北欧模式早就不复存在。

刘春荣：不容忽视的是，北欧地区存在很多差异性和多样性。对外来看，北欧各国与欧盟和北约的关系就有显著区别。那么作为北欧理事会的秘书长，在社会和政治方面，您怎样处理这些差异？

Dagfinn Høybråten：从根本上说，北欧各国之间是朋友关系。我们是亲人、姐妹、兄弟、表亲。地理位置上的接近，让北欧各国在相同历史背景下发展。第二次世界大战后，北欧各国的情况各不相同，但由于地理位置、共同的背景、类似的文化和语言，各国领导人觉得我们的国家都很小，所以我们必须展开合作。从那时起，我们开始整合共同劳力市场，在社会安全方面开展合作，但从没想过消除各国之间的差异。所以说北欧各国是国际合作的关系，而不是组成一个超级大国。这意味着我们需要意见一致，在我们意见一致时，我们就可以把想法付诸行动。在意见不一致时，我们不采取行动。有人也许会认为这是一个缺点，但从另一方面来看，这样作出决定十分简单。在涉及欧盟时，一些国家选择不同的政策。许多人说北欧合作即将终结，但从现在看，正相反，即使不同国家有不同的情况，北欧国家却在欧洲内展开了更多合作，让北欧各国关系更加紧密。20年前，北欧国家不会考虑在安全领域开展合作，而如今，北欧各国之间在安全领域合作紧密。我认为，如果在差异方面，各国之间保持相互尊重，北欧合作将继续存在。

刘春荣： 从整体来看，北欧国家与中国有着充满活力且坚实的关系。您怎样看待北欧国家和中国的关系？北欧部长理事会在深化北欧与中国的关系中扮演怎样的角色？您认为我们在哪些领域可以展开合作？

Dagfinn Høybråten： 从中华人民共和国成立以来一直到现在，北欧国家都和中国保持着紧密牢固的关系。北欧国家未来在很多方面都可以与中国展开区域合作，在许多领域，双方都可以取得共赢，特别是在绿色转型方面，而双方也已经就该领域展开了一些合作。在教育领域方面，北欧国家的大学和研究机构有许多有益的经验。

刘春荣： 尽管中国与北欧在全球共同体上有着共同追求，但在一些基本问题上，我们可能有不同的观点，例如人权。北欧对于人权有怎样的看法？又是如何看待中国人权的？

Dagfinn Høybråten： 我认为我们是人类社区的个体，每个人作为人类都有一些固有价值观。当你谈论政治时，有时可能会陷入不同的争论之中。对于北欧国家而言，我们可以与中国在这一领域展开合作，让双方取得共赢。

刘春荣： 当我们说到北极问题时，许多北欧国家都是关键的利益相关国。那么中国在北极区域能扮演怎样的角色？北极圈是否大到足以容纳中国的"互联互通"倡议？

Dagfinn Høybråten： 我认为中国在北极地区发挥了重要作用。基于国际规则，北欧国家非常关注国际合作，而且北极理事会也成了国际合作的平台。我们需要明白，大约有三百万人居住在北极圈，北极理事会的工作目标之一是为那里的人民提供高品质的生活。

刘春荣：大约两个星期前，奥巴马总统与北欧领导人会面，并于会后发布了联合声明。在不断变化的国际秩序中，北欧国家将如何定义与美国、中国、俄罗斯这些大国的关系？

Dagfinn Høybråten：很高兴国际上需要北欧国家参与全球事务。在巴黎的气候谈判中，我们就看见了各国也需要北欧国家参与讨论。我认为各国成为朋友是一件很自然的事情。我们有时可能有不同的利益，但大多数时候，从相同的角度看，我们具有一样的传统。我们想要为全球化进程、为联合国、为不同的计划作出贡献，创造更美好的世界。

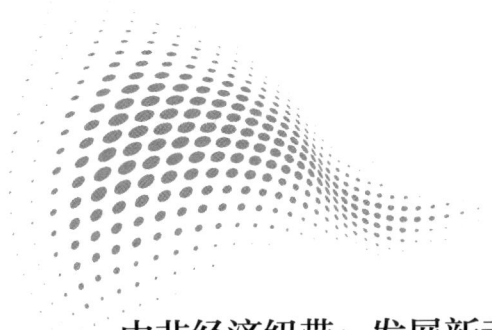

中非经济纽带：发展新动力 *

演讲者：Arkebe Oqubay Metiku　埃塞俄比亚总理特别顾问

我们都知道，现在关于中非之间的经济发展这一重要议题有两种视角。从欧洲角度来看，中非之间的贸易可能被很多人认为是新的殖民主义；从非洲角度来看，中非关系将会继续推动非洲经济转型，最后为中国和非洲带来双赢，同时能够使全世界变得更加美好。我希望就这样的观点对立和问题进行讨论。

我的发言主要是三个部分。第一部分是有关进一步发掘中非之间在更大框架下的合作，我还将介绍该如何确保我们的合作活跃性，以及现在面临的机遇和挑战。第二部分，我将向大家展示，为什么埃塞俄比亚是中非合作的典范，中国与埃塞俄比亚之间的合作能够成为中非之间很好的合作连接纽带。第三部分我会谈一下21世纪中非合作的未来，以及这样的合作如何实现可持续高效的发展，不仅造福中国和非洲，也造福全世界。

首先我们需要知道，中非合作是在全球经济出现停滞的背景下得到了大家的高

---

* 上海论坛2017闭幕式主旨演讲。

度重视，尤其是 2007 年、2008 年金融危机之后。我们逐渐认识到，其实我们生活的世界特别强调互联互通，一个地方所发生的问题和灾难一定会在很短时间内迅速传递到其他地方，通过这种传导机制深刻广泛地影响着其他国家和地区的民生和涉及的行业发展。所以在这样高度互联的世界当中，我们现在建立起的优势，也一定会对世界其他地区的经济发展起到正面激励作用。

第二个因素就是全球化问题，它使亿万人逐渐摆脱贫困，而且几千万人也因此走上了富裕之路。但是我们必须了解到全球化的负面作用，就是在不断地加剧两极分化。一些地区所享受到的财富并没有被其他地方平等享受到，因此我们觉得重点在于如何来减少，或者说来克服全球化带来的负面效应。

我们需要明白的第三点是，中国在脱贫事业上已经做出了表率。中国的减贫运动轰轰烈烈，帮助 7 亿人口摆脱了贫困，也向我们证明了一个国家是可以在短短几十年的时间里迎头赶上的。我们所知的一些先驱，包括美国和日本，花费了更长的时间才取得这样的发展。而且中国也是一个制造业大国，贡献了全球生产制造的 25%，已经成为世界第二大经济体。这对于非洲的发展和中非合作的未来影响巨大。

虽然非洲有很多地方的发展不尽如人意，但是我们取得的进步也值得大家关注。我们的大陆差不多有 12 亿人口，占据世界的六分之一，到 2050 年我们整个非洲大陆人口将达到 20 亿，这是一个难以让人忽略的规模。非洲大陆同时也是让人可以看到未来和希望的地方，因为我们有非常强大的劳动力市场，也有一支在不断崛起的中产阶级，就像中国一样。同样我们都知道在很多国家，内乱、战争正在逐渐平息，尤其是过去几十年当中，非洲正在走向稳定与和平。而且不同国家也实现了不同程度的经济增长，过去十五年中非洲 GDP 的年均增长达到 5%。

在这样的背景下，中非的经济纽带基于两大支柱联结起来。第一个支柱是"一带一路"的倡议，这一由中国国家主席习近平 2013 年所提出来的倡议正在造福我们非洲。对于中非来说另外一个非常重要的合作支柱则是中非合作论坛，2015 年已经在约翰内斯堡召开了第六次会议。自从这样的中非合作平台搭建之后，我们已经看到它极其有效地推进中非在许多行业当中的交往与合作，实现了持续发展。

在这里我想跟大家分享一些具体的数据。为了更好地评估这种合作的有效性，我们首先要看一下贸易、基础设施的开发以及投资。就贸易而言，1980 年，中非之间的贸易额只有10亿美元，但是在2000年已经达到了100亿美元，2013年已经达到了2250亿美元，每年增长21%。在中非合作论坛建立的2000年到2013年之间，中非之间的双边贸易增长了20倍，现在中国已经成了非洲大陆的第一大贸易合作伙伴，这是非常值得大家重视的一个成就。但是与此同时，有很多不平衡性，比如说中非贸易占中国对外贸易总额的5%，却占非洲的16%，所以贸易额有非常大的差异。非洲出口的主要产品是未经过加工的石油和矿产，长远来讲不利于非洲大陆的发展。从总量来讲，我们希望进一步提升，同时出口的产品结构相对比较单一，需要更加多元化，并且提高附加值，这个将成为我们未来中非合作贸易的重要发展方向。但目前的成果依然值得肯定，如果你看一下总量，非洲的第二大贸易伙伴是印度，印非之间的贸易额只有600亿美元，与中非之间的贸易额差距达到了1200亿美元。

接下来看一下基础设施建设，我们必须认识到基础设施建设对于减贫的作用十分显著，能够有效减少贫富之间的差距，如果要建立起一个有竞争力和活力的经济体，我们必须要建设更多的基础设施。如果你对比一下中国和印度两大国家，最大的差异之一就是基础设施的投资。基础设施投资差异将会对经济体本身的竞争力起到非常重要的作用。在基础设施方面，中国的确对非洲做出了巨大的贡献。现在中国是非洲许多基础设施的融资方，同时也是最大的合同承包商，这样的基础设施增量，将会深刻地影响到非洲经济的方方面面。

而就投资方面而言，从中国流入非洲的外商直接投资（FDI）在过去20年当中迅速增长，2014年已经达到了第四位，仅次于英国、美国和法国。根据最近的麦肯锡调研，到2020年，中国将成为非洲FDI的第一大直接来源国。

即使是这样，我们仍然看到许多非洲国家在中非合作中处于非常严重的不平衡状态。我们埃塞俄比亚一直在积极地和中国开展各方面的合作，应该说是整个非洲大陆经济发展速度最快的国家。埃塞俄比亚和中国在多领域当中实现了合作，很关键的一部分是来自中国的FDI流入，主要是集中在生产制造业，中国流入埃塞俄比亚的FDI中有66%集中在生产制造业，而在其他的非洲国家只在25%—30%之间。由此可见埃塞俄比亚在整个经济转型过程当中和中国之间有着互相依存的关系，而且能够更好地起到典范作用。基础设施是埃塞俄比亚非常重视的建设领域，我们从自己的资源当中已经拿出几十亿美元做各种各样的基础设施建设，包括道路、桥梁、交通等。我们也在不断地加强大学和技术学校建设，而最近我们工作的重点是工业园区的建设。关键在于非洲可以从中国和相应国家的合作中获得相应的收益，为此需要把经济转型提上议程，并且确保合作双方的积极参与。

另外值得一提的是，中国和埃塞俄比亚的合作涵盖了从埃塞俄比亚首都亚的斯亚贝巴到吉布提的铁路的建设，它是一条电气化铁路，有120千米长，是整个非洲大陆最现代化的铁路之一。就能源而言，我们现在主要关注的是清洁和可再生能源，包括水电和风电，这对埃塞俄比亚的发展非常重要。就基础设施的项目而言，我们主要关注的是高质量的基础设施。我们鼓励中国公司按时完成工程项目，实现效益最大化。在埃塞俄比亚，我们的基础设施工程往往完成得很快，公园九个月就能建完，铁路只需要三四年的时间就可以造好。埃塞俄比亚航空是世界上位居前列的航空公司之一，致力于在中国和非洲之间建立起空中的联系，很多中国公民都会搭乘埃塞俄比亚航空，它已经成为双方交流的重要桥梁，也使埃塞俄比亚成为重要的航空枢纽。我相信这对于双方来说，都是一个非常重要的桥梁。

最后我想总结三点。首先，为了中非能够进一步共享发展，所有的非洲国家都应该积极地关注经济转型，从单一的产业转型为多元的产业。随着油价的下跌，很多非洲产油国因为经济多元化的不足，受损非常惨重，所以经济转型必须提上议程。第二，我们不能简单把中国看成资源的来源。欧洲银行、世界银行等机构都为埃塞俄比亚的发展提供了资金。对我们来说，非洲的国家应该把中国也作为一个学习政策的对象国。中国将数亿人从贫困的状态当中拯救出来，非洲应该在这方面向中国学习。中国有很多政策值得非洲来学习，比如说所谓的政策试点，是一个非常好的执行政策的方式。实事求是也是中国的法宝，产业政策方面可学的也很多。我们相信这种政策的学习，应该是非洲国家认真考虑的方面。本土的人才发展、管理人才的开发其实也是非常重要的。第三，我们必须基于价值和原则开展合作。我们看到过非洲一直受到殖民国的压迫和剥削，而中非关系建立在和平共处、互不干涉内政的基础之上，同时也建立在互相尊重、合作共赢的前提之上，这一点非常重要，这也是我们说中非合作不是新殖民主义的原因。无论是世界银行，还是国际货币基金组织，还是其他的一些国家，提供援助的时候都有很多条件。非洲国家应该拒绝这些外部势力对于非洲内部事务的干预，人权和民主是每个国家内生的，而不是从其他国家移植过来的，所以我们要基于《联合国宪章》的核心价值和原则开展合作。和平共处、互相尊重、互不干涉对方的内政是《联合国宪章》的关键原则，中国应该继续秉承这些理念，在 G20 峰会等国际平台上推广这些价值。

我们同时相信这些合作会帮助欧洲以及其他发达国家。欧洲最大的问题就是移民，如果在非洲有足够的就业机会，如果非洲经济活力得以提升的话，我们就能够控制住这些移民。因此，这样的合作与发展有利于遏制打击恐怖主义，促进世界和平稳定，帮助世界各地的穷人改善境遇。以上是我们在进一步推动中非合作过程当中需要考虑的一些重要因素。这些合作也会增进世界的繁荣发展。在 21 世纪，非洲致力于让世界看到非洲更好的发展。

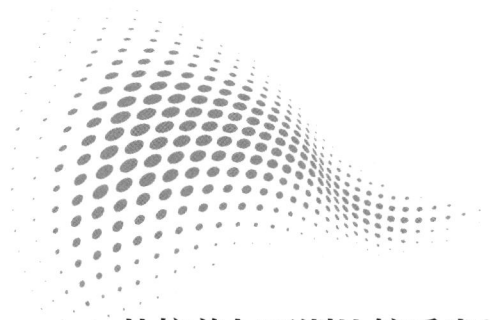

从拉美与亚洲比较看发展新思路*

演讲者：Luiz Carlos Bresser-Pereira 巴西财政部前部长

我演讲的主题是"为什么拉丁美洲发展滞后于东亚"。事实上，自19世纪初开始，拉丁美洲有超过一个世纪的时间比亚洲更发达。那个时候，亚洲一直是欧洲帝国主义的受害者。举个例子，像中国和印度这样的国家被欧洲高度支配，后来作为帝国主义经典范式的美国也加入支配者行列。但随后出现了战争，"二战"结束后东亚国家逐渐独立，并开始发展。

现在我们遇到了一个问题。世界银行以及几位杰出的经济学家发现了中等收入陷阱。什么是中等收入陷阱？简单地说，当国家达到一定的发展水平，即中等收入水平时，其经济就会停止增长。起初经济增速快，但突然间，增长速度开始变得非常缓慢。按照购买力平价计算，增长速度的转折处应该在10000美元左右。实证数据似乎证实了这一观点，但在我看来，有三个问题与中等收入陷阱有关。

首先，相关研究定义的中等收入区间上限和下限之间有相当大的差异。这里的

---

* 上海论坛2018开幕式主旨演讲。

中等收入说的并不是10000美金，而是一个区间。其次，学者们无法找到影响发展中国家增长速度的新（历史）因素。当我们解释一些历史事件时，比如国家发展速度突然放缓，我们必须找到能够解释这一事实的新历史依据。我不能用旧依据解释一个新事实。第三，也是很重要的一点，就是东亚地区没有掉进中等收入陷阱。所以这个理论并没有那么强的普适性。

让我再对这三个问题做一些更多的阐述。首先，不同的学者对"中等收入"有不同的定义，且这个收入区间存在相当大的间隔，迈克尔·斯宾塞给出的收入区间是5000至10000美元，另一项研究给出的是2000至7500美元，还有1000至12000美元的说法。正因为各研究对中等收入所属的区间没有统一意见，"中等收入陷阱"这个叙述也就没那么让人信服。

第二个被用于解释拉丁美洲和亚洲发展差异的原因是：无法适应发展状况的制度。这是非常切中肯綮的。制度的确重要，因为我们从出生起就是在遵循制度，但没有新的机制可以解释为什么拉丁美洲会停止发展而东亚没有。有足够的经验证据可以证明东亚人比拉丁美洲人更关注教育，但这是1950年而不是1980年的情况。以巴西为例，巴西从20世纪80年代中期开始大力投资教育领域，以弥补之前落下的差距。同样的，缺乏创新也不是新的原因。在加大基础设施投资方面，问题始终存在，我们从未停止投资，但投资总是不足。还有人口统计学的数字等，这些都不是新的历史事实，并不能解释为什么拉丁美洲的经济停止发展了，而东亚没有。在20世纪90年代是中等收入国家的韩国和新加坡如今是富裕国家。1990年人均收入更低的中国自1980年以来经济持续快速增长，尽管最近其经济增速略有放缓，但仍然很高。所以，东亚国家肯定没有陷入中等收入陷阱。

那么，真的有中等收入陷阱吗？如果不称呼这种现象为"中等收入陷阱"，我提议我们称它为"20世纪90年代发展陷阱"。国家经济停止高速增长，不是因为他们已达到一定的人均收入，或陷入中等收入陷阱，而是因为一个发生在20世纪80年代的与之相关的历史事实。这一事实改变了拉丁美洲的一切。

发生变化的是什么呢？是美国的政策体系。在20世纪80年代，我们有贸易和金融自由化。在拉丁美洲有"华盛顿共识"，这是一种对拉丁美洲影响甚于东亚的改革，一种改变发展中国家政策体系的神奇口号。在1997年经济危机之后，它也使东亚发生了很大的变化。

不过这一政策体系带给拉丁美洲的变化更大。在拉丁美洲，我们有一个对应于欧美自由政策体制的发展决策体制，而这些变化正发生在 20 世纪 80 年代的美国和欧洲。这些变化是由 1985 年美国的贝克计划定义的。贝克是当时美国里根政府的财政部秘书，这个计划的构想是各国应该进行财政改革，实现私有化，放松管制，自由化，并且应该增加外币储蓄。该计划认为，这样做就会实现经济增长。但我认为这些改革结果恰恰相反。在拉丁美洲，它们并没有促进增长，反而阻碍和破坏了经济增长。

1960 年到 1980 年间，东亚的增长速度已经比拉丁美洲更快，但两者之间的差距不大。自 1991 年以来，两者之间产生了巨大的差距，且差距越来越大。两个地区的不同命运让人惊异。当然，各地区内的各国肯定也存在差异，比如在东亚地区中国的经济增长就极大。

但为什么改革在拉丁美洲会产生相反的后果呢？它不仅没有促进经济增长，而是让各国停止运转。它不是像以前一样促进工业化，而是让拉丁美洲国家的工业化程度急剧倒退，尤其是巴西和阿根廷。尽管墨西哥倒退得不多，但它的经济无论如何也趋于停滞。这并不是因为不平等现象增加了，尽管不平等一直是拉丁美洲的一个大问题。东亚在这一方面情况稍好，但不平等不是原因。

没有配合改革的财政调整也不是改革产生反效果的原因。财政调整非常重要，但它们不能解释拉美国家的经济衰退。我的看法是，这是因为改革使拉美国家陷入新宏观经济发展陷阱。什么是新宏观经济发展陷阱？新宏观经济发展陷阱是利率的长期增长水平高于国际利率水平，其中最主要的是长期的汇率高估。

在 20 世纪 80 年代之后，或在 20 世纪 80 年代到 20 世纪 90 年代初期，拉丁美洲利率周期性大幅上升，而且汇率被长期高估。之所以出现周期循环状态，是因为有了一次金融危机，一场大萧条，货币大幅贬值，而后升值，几年稳定在一个高估的底线。然后再一次，国家陷入经常项目赤字，外债增加，几年之后，由于本国货币失去信用度而出现新的金融危机。

两件重要的事情导致了对汇率的高估：对利率的利用和滥用，以及体现在该国贸易体系中的抵消荷兰病的直观机制的消解。在 1989 年，我被日本亚洲经济研究所邀请参加一场在日本举行的会议,该会议比较了当时的拉丁美洲和东亚。在1989年,拉丁美洲的经济停止了增长,而东亚继续增长。为什么?当时我们没有找到根本原因。差不多是那个时候,荷兰病的第一个模型刚刚发展出来。我稍后搭建了荷兰病的第二个模型。

什么是荷兰病?下面我将要展开讨论。一个国家要投资,必须正确地把握五个宏观经济价格。哪五大宏观经济价格呢?利率、汇率、工资率、通货膨胀率和利润率。中央银行制定货币政策所依据的利率应该较低,而汇率应具有竞争力。也就是说,制造业有能力、可交易、非商品化的公司应该使用已有的最好技术以实现竞争力。工资水平应随着生产力的增长而增长,而不能超过生产力,因此利润率应满足包括制造业企业在内的大企业的需求。这就是该理论所要说的。

该理论还表明,增长取决于投资而投资取决于汇率。这些知识不在教科书中。在关于发展经济学的书籍或教科书中,没有一章关于汇率。为什么?因为这个理论没有假设汇率可能会在几年内保持过高估值。但是,一旦放弃汇率仅仅会波动的假设,而是假设汇率处在长期来看会有高估值的波动趋势中,那么当商人作出他的商业决策时,他会考虑到货币的过高估值,然后就不投资。

那么,为什么拉丁美洲的利率变得如此之高呢?首先,是为了吸引资本。在拉丁美洲,人们接受了这样一种观点,即经济增长的最佳方法是引进外国资本。这是一个大错误。其次,他们利用利率来控制通货膨胀。但用高利率来控制通货膨胀是没有道理的。当通货膨胀率上升时,的确需要更高的利率,但实际上不需要高达5%、6%、7%的利率。第三,因为利率对风险资本家非常有利,而资本家不仅仅是商人、企业家。今天,在所有国家,以利益、股息、房地产租金为生的风险资本家非常重要,他们喜欢高利率。而当他们在政府中执掌权力时,就会使利率维持较高水平,这也可以解释利率高的原因。当然,利率会抑制投资,使国家货币升值,并不必要地壮大风险资本家。所以这是利率高估值的一个代价。

回过来说荷兰病。荷兰病就是对出口商品的国家的汇率进行长期高估值。为了通过出口商品获利,这些国家需要比使用最新技术的生产国更具竞争力的汇率。这就是荷兰病。因此这是一个非常严重的问题。

如果一个国家患有荷兰病,它就不会实现工业化。以巴西为例,就1930年至

1990 年间的情况而言，巴西的经济增长非常快，特别是在 1930 年至 1980 年之间，因为它抵消了荷兰病。不仅是巴西，其他几个国家也这样做了。这基本上意味着征收非常高的进口关税，所以我要告诉各位的是，高进口关税并不总是意味着贸易保护主义。以幼稚产业为例，进口关税在工业化初期并不意味着贸易保护主义。但对于那些脱离幼稚产业行列却患有荷兰病，并正在用进口税来抵消荷兰病的国家，进口关税中荷兰病的抵消只与国内市场有关。这样做并非使公司能出口产品，而是为了使它们能够与国内市场上的外国公司竞争——我们不能说这是保护主义。这只是一种抵消荷兰病并确保公司公平竞争的方式。这就是在 1930 年到 1980 年之间的拉丁美洲，尤其是巴西发生的情况。

然而，在 20 世纪 80 年代，这种事情已经停止。为什么？因为经济开放。当经济对外开放时，抵消荷兰病的系统被解除了。当这种情况发生在 1990 年时，制造业开始落后其他产业约 20%。这是灾难性的，其结果是整个经济、制造业陷入了一场大危机，然后我们对经济进行了大规模去工业化。这种情况几乎在所有拉丁美洲国家以不同程度发生，但它没有在东亚发生。这是由于改革和利率的改变。为什么利率增长如此之多？因为有金融自由化，正如自由主义经济学家曾经说过的那样，20 世纪 70 年代的东亚和拉丁美洲经历着经济危机，因为利率非常低。因此，为了压抑财政，必须提高利率，从而导致了非常高的利率和非常高的货币升值。这就是 20 世纪 80 年代的经济发展陷阱。

综合来看，当汇率在东亚国家没有像在拉丁美洲一样被管控时，就会非常糟糕，因为它陷入了金融危机。荷兰病（如果存在的话）将汇率拉升至目前的均衡状态，高利率将汇率拉低至经常账户赤字。因此，低增长、去工业化和落后变得不可避免。

我的发言结束了。我认为我已经传达出了我最想表达的，这些思想被称为新发展主义，我希望这有助于我们更好地了解我们两大洲正在发生的事情。谢谢大家！

《北美自由贸易协定》下的加拿大、美国和墨西哥：经验与启示*

演讲者：Rosario Marin　美国第41任财政部司库

《北美自由贸易协定》由美国、加拿大和墨西哥三国签署。尽管美国和加拿大自1989年以来就开始了自由贸易，这一在1994年1月生效的协定，最终使得北美成为世界上最大的自由市场：这里有4.5亿人口和高达20亿美元的国内生产总值，这一贸易区的经济产出高于整个欧盟28国。

尽管《北美自由贸易协定》生效于1994年，即比尔·克林顿总统任期内，它的签署却是在1992年，时任美国总统为乔治·布什。布什总统希望通过这一协定，以经济改革和平解决中美洲冲突，同时促进拉丁美洲的发展，稳固美国和邻国墨西哥及加拿大的密切关系。

在协定生效14年后，2008年1月，它提出的所有条文都得到了实施，包括消除关税壁垒、开放边境、废除审批的繁文缛节和简化出入境程序。在《北美自由贸

---

* 上海论坛2016开幕式主旨演讲。

易协定》实施前,有些出口到墨西哥的商品关税仅有30%,而对于墨西哥出口到美国的商品,关税有时则高达250%。《北美自由贸易协定》消除了这样的关税不对等。事实上,协定一经签署,就有50%的关税被立即废止。

《北美自由贸易协定》尤其关注会计、建筑、广告、咨询、管理、医疗、旅游、工程和教育领域。《北美自由贸易协定》的形成使北美在世界市场上更具竞争力,除了降低贸易成本和促进商业投资,建立这一协定的目标还包括保护知识产权、促进物资和服务的跨国流动、鼓励三国之间的合作和将自由贸易协定的好处扩展到更多地域。

在《北美自由贸易协定》签署的10周年纪念日上,布什总统说道:"我坚定地相信,贸易和投资是提升这个半球经济前景的唯一路径。简而言之,为了实现我们想要看到的未来,这是一条更好的道路——一条已经被证明过可行的道路。我相信经济改革将会促进政治稳定和民主在西半球的扩展。我相信《北美自由贸易协定》不仅将惠及我们的邻国,还将为千万投资者打开新的市场、新的机会。这可能就是为什么我把签署这一协定看作是我任期内最重大的成果之一。我将它视作是迈向繁荣稳定之路的一大步。"

下面我将谈一谈《北美自由贸易协定》带来的积极影响。

1. 美国、墨西哥和加拿大之间的贸易扩大到四倍

在1993年到2015年间,三国间的贸易扩大到四倍:从2970亿美元增加到1.14万亿美元。这极大地拉动了各国的经济增长(年均增长率大约为5%)。同时这也为三个国家提供了大量新的就业机会,其中受益最大的部门为农业、汽车产业和服务业。举例来说,在此期间,美国出口商品的总额从1420亿美元上升到5170亿美元。协定中的一条条款甚至呼吁美国、墨西哥和加拿大的进口商品应同等地享受国产商品的待遇。

《北美自由贸易协定》还在商业投资者的国际权益上达成了共识,因而降低了贸易的成本,刺激了投资的增长,尤其是对于小型企业的投资。2014年,加拿大和墨西哥分别以3120亿美元和2400亿美元成为美国最大的出口市场。另外,美国对加拿大和墨西哥的农业出口增长了156%,对比之下,美国对世界其他地区的农业出口

仅增长了65%。

此外,《北美自由贸易协定》还促进了外国的直接投资。自从协定1994年生效以来,美国对加拿大和墨西哥的直接投资在2012年翻了一番,超过了4520亿美元。这给了美国企业更多的机会去发展、去开拓更大的市场。同时,加拿大和墨西哥对美直接投资也从2007年的2190亿美元增长到2012年的2400亿美元。

2. 降低商品价格

较低的关税降低了进口商品的价格,减轻了通货膨胀的风险,使利率维持在较低的水平。这一点对油价极为重要,因为美国最大的进口商品就是石油。美国曾经需要从墨西哥和加拿大进口大概1440亿美元的石油,而多亏美国页岩油的生产,这一数字才在2007年下降至1580亿美元。由于《北美自由贸易协定》扩大了美国从加拿大和墨西哥进口的石油量,其对中东和委内瑞拉的石油依赖才得以减轻。更低的石油进口价格和美国自身的石油储存使得美国市场上销售的石油价格得以大幅降低。

以同样的方式,《北美自由贸易协定》降低了食品的价格。2013年食品进口的总额由2009年的290亿美元上升到390亿美元。新鲜蔬菜、巧克力、新鲜水果和牛肉的价格都得到了大幅的下降。

3. 创造就业机会

《北美自由贸易协定》对于劳动力市场和工资水平也产生了积极的影响。据美国商会的数据显示,协定所带来的贸易增长仅在美国就创造了大约500万个新的工作岗位。这些新岗位大多集中分布在17个州,但是所有州都有增长。

甚至是进口也创造了新的就业机会。这是因为美国从墨西哥的进口中,实际上有将近40%还是来自美国公司。这些公司在美国国内设计产品,然后将某些生产程序外包给墨西哥。若是没有《北美自由贸易协定》,这些新的工作机会很可能压根就不会存在或者是流失到其他地区。

除了工作机会增多,作为平行签订的一个劳工协定——《北美劳动合作协定》(the North American Agreement on Labor Cooperation,简称 NAALC),还致力于提高工人的工作条件和生活标准，保障工人的权益不受侵害，帮助解决诸如歧视、秘密投票和移民工人的保护等问题。

4. 建立共同的贸易标准

美、加、墨三国同意将健康、安全和工业标准提升到已有的最高标准。三个国家各自的标准不能再被用于贸易壁垒。另外，三国也同意工业化不能以增加污染、损害工人利益为代价。

5. 强化对知识产权的保护

墨西哥需要对国内的知识产权提供高水平的保护，尤其是在化工品和电脑软件领域。这些保护通过打击盗版增加了创新型企业的利润，也提升了外商的信任度。外商们知道其权益将得到国际法的保护，如果他们的知识产权受到了肆意的侵犯，他们完全可以起诉当地政府。基于这种信任，外商的直接投资也相应增加了。

6. 提供新的机会

无论是在美国还是在墨西哥，新的机会对于中小型的企业来说都尤其重要。贸易壁垒的废除进一步降低了做生意的成本，小型企业总算在物价较低的墨西哥找到了立足之地。在美国，自由市场贸易增加了中小公司去竞标政府项目的机会，不仅持有较低竞价的竞标者增多了，政府的选择也增多了，这也在一定程度上减少了政府的财政赤字。

但没有任何事情是完美的，《北美自由贸易协定》也带来了一些负面影响。

1. 对美、加工人的影响

因为墨西哥有较为廉价的劳动力，大量的制造公司将它们的大部分生产从美国、加拿大转移到墨西哥。而留在本国的部分为了降低成本则想尽办法压缩工人的工资。工人们的选择是要么接受降低的工资以保住工作，要么冒着被开除的风险联合起来抗议。选择前者的越多，工会的存在就越被消解，但是工人们没了工会，在工资增长上他们就越没有讨价还价的筹码。

2. 墨西哥一些本地农民的收入下降

《北美自由贸易协定》的另一个负面影响是由美国的谷物、牛肉等农产品的出口带来的。随着这些美国大农场生产的产品大量涌入墨西哥，当地的农产品完全不具备能与之竞争的价格优势，本地的农产品销量下降，政府也降低了对农民的补贴，从 1990 年的 33%，降到了 2001 年的 13%，这使得一些农民失去了他们的收入来源。

3. 对墨西哥工人的不公

《北美自由贸易协定》加速了外资公司在墨西哥边境开办的、产品回销本国的组装工厂（maquiladora）的滋生。这些公司以最低的工资雇佣墨西哥工人，还不给予他们应得的工人权益和健康保障。他们需要每天工作 12 个小时以上。批评者认为当地大多数的工人根本不知道利用工会，因此他们得不到保护。恶劣的工作条件有违协定作出的承诺，较为典型的是制衣厂和汽车厂。同时反对者还说，尽管墨西哥的就业机会变多了，一些美国工人却失业了。

4. 环境恶化

有质疑者认为《北美自由贸易协定》应该对环境恶化承担一部分责任，尤其是对于墨西哥环境的恶化。他们敦促 NAFTA 能够采取一些现实和有效的措施，减少对于环境的破坏。为了提高农产品的产量，当地农民大量使用化肥和农药，这些化学产品污染了环境，对农业造成影响。此外，为了扩大耕地面积，越来越多的森林被焚毁。每年被砍伐的森林估计高达 63 万公顷，仍在持续的森林破坏活动将对环境产生长期的不良影响。

乔治·布什总统曾说过，他读到一份报告表明，美国在 1997 年失去了 385 000 个制造业的岗位，包括电脑编程、管理咨询在内的新兴产业领域却增加了三百多万个岗位。从某些方面来说，这是一种交换过程——当然对许多人来说是一种痛苦的交换——但是他相信要想让美国在联系越来越紧密、竞争越来越激烈的世界市场上继续处于不败之地，这样的交换和牺牲是很有必要的。

《北美自由贸易协定》极大地促进了参与国经济的发展，却也产生了诸如环境恶化和失业等问题。关键在于如何寻找平衡和最小化甚至消除负面影响。因为这些负面影响，《北美自由贸易协定》受到了来自多方的批评，有一些甚至影响到了美国的总统竞选活动。但是，这一协定使得北美在世界市场上更具竞争力。因此，只有更严格地执行其提出的规范，进一步完善保护措施，《北美自由贸易协定》的积极影响才能超过其负面影响。

显然，应对这样大的挑战是没有简单的解决方案的。但是从《北美自由贸易协定》的案例中我们也越来越清楚地了解到，国家间的合作能够建立起一个良好的促进国际市场发展的框架。亚洲要想提升它在世界经济中的影响力，就应该从《北美自由贸易协定》中吸取一些经验和教训，从而促进整个地区的经济繁荣。

在我的演讲结束之前，我想跟大家分享一下我的个人经历。我希望你们能够认识到，当你准备好实现你们人生目标的时候，你们一定会经历各种各样的困难和挑战，但是你们一定会恢复过来。有的时候你们会感到害怕，但是更多的时候，你会感受到勇气和决心。我之所以跟大家这么说，是因为我刚刚移民到美国时，根本不会说英语，我也从未想过有一天我会在美国的每一张美元上面签我的名字。我一开始在银行做助理接待员，六年之后，我已经成为银行的助理副总裁。我的第一个孩子有唐氏综合征，在生命的头五年里，他面临六次濒死的挑战。后来我的第二个孩子也流产了，我必须放弃我的MBA，我必须把我的房子卖掉，因为我实在没有办法只用一份工作养活我的孩子。这些对于我来说，都是很痛苦的回忆。如果有人告诉我说，你可以为州长工作，你可以帮助那些穷人，帮助那些残疾人，之后你会有机会为各种各样的政治人物提供服务的话，我当时是绝对不会相信的，然而这就是我生活的真实写照。

我仍然对这个国家，对我们的政治制度，对好的治理怀有信心。然而现在，我有些担心，我们的一些政治竞选中喊出来的口号往往会煽动人们的恐惧和愤怒，我们想要的是把我们团结在一起的口号，而不是让我们分裂的口号。我想跟大家分享美国最高法院一位法官的说法，"在我们身边所发生的一切，以及在我们之后会发生的一切，其实跟我们内心相比，都微不足道"。我把它作为人生的座右铭。如果通览人类共同的历史，你会发现，其实我们都遇到了巨大的挑战，但我们还是走到了今天，不断地在发展，不断地在成长和前进。回顾这些被克服的困难和挑战，你会觉得它们已经微不足道，因为我们已经拥有了去面对未来一切挑战的勇气和能力。无论是美国、中国还是墨西哥，无论是贸易、教育、安全、健康等其他各种各样的问题，我完全相信我们一定会战胜这些困难与挑战。我相信你们所有的人，都能够为你们未来的挑战做好准备。共同合作，我们一定能够为世界创造一个美好的未来！

铁路运输发展对于中俄合作意义重大 *

受访者：Vladimir Yakunin　文明对话研究所（DOC Research Institute）创始人，
　　　　时任俄罗斯铁路股份有限公司总裁
采访者：赵华胜　复旦大学国际问题研究院研究员、教授
　　　　沈　逸　复旦发展研究院金砖国家研究中心主任

赵华胜： 弗拉基米尔·亚库宁先生，非常感谢您抽空接受我的提问。我共有三个问题。第一个问题是，两周前中国国家主席习近平与俄国总统普京签署了丝绸之路经济带与欧亚经济联盟对接合作的联合声明。我们知道，对于中俄合作，尤其是对于丝绸之路经济带和欧亚经济联盟的合作而言，交通运输所发挥的作用是至关重要的。那么对于中俄交通运输合作的未来，您有何展望？

Vladimir Yakunin： 首先，对于世界发展而言，国家领导人之间的关系是非常重要的。具体而言，中俄两国领导人，普京与习近平之间的理解与信任对于中俄两国关系便是如此。在我看来，此次在莫斯科签署的协议备忘录为中俄经济关系乃至政治关系的实质性发展铺设了新道路。展望未来，对于欧亚经济联盟与丝绸之路经济带合作的理念，我非常支持。需要特别提及的是，新丝绸之路理念的源头是泛欧亚

---

* 上海论坛2015高端访谈。

发展经济带。我认为，在亚洲国家和欧洲国家之间发展商品陆路运输的想法是很明智的。陆路运输与海洋运输之间产生直接的竞争关系，这也许还是第一次。因此，在未来这样的（陆路）联系，乃至欧亚大陆辽阔领土的开发与各国全面可持续、相互信任的经济整体发展，无疑将备受青睐。

赵华胜： 谢谢您。下一个问题是关于中俄之间的铁路联系。在过去的一百多年中，中俄之间仅有一个直接连接两国的铁路对接口岸，即中国的满洲里和俄罗斯的后贝加尔斯克。这条铁路于1903年开通，那时在中国境内叫作中东铁路。其他两条线路都要通过第三国：经二连浩特到俄罗斯的铁路要经过蒙古，于1956年开通；通过新疆的新欧亚大陆桥经过中亚，它的第一条线路在苏联解体前开通。中俄两国边界线长达4300公里，沿边界线两侧又有广阔的腹地，您是否认为如今正是我们扩大中俄，尤其是边境区域铁路联系的良好时机呢？

Vladimir Yakunin： 是的，您说得很对，中俄蒙古铁路曾经是一项伟大的成就，现在却显得不够用了。中俄双方正在考虑开展新的运输事业，另外双方也非常倾向于建设横跨额尔古纳河的铁路。但是，更深入地说，中俄之间增加跨境中转点是必要之举，但更为重要的是合作的实质内容，只有将更多的货物运输量吸引到铁路系统中来，才能够产生更广泛的经济效益。在俄国，跨西伯利亚大铁路的建设对广袤的乌拉尔河腹地的开发起到了极大的推动作用。对于中国而言，利用铁路的建设带动沿线地区，尤其是经济欠发达地区的经济发展也将是至关重要的。我相信在基础建设快速发展的地区，人民能够迎来更加美好的生活。

赵华胜： 谢谢。我还有一个问题。我感受到中俄两国人民近年来的互动越来越多，前往对方的国家旅行、彼此交流理解的愿望也越来越强。我认为火车旅行对于许多人而言都是很有吸引力的，只是火车旅行需要花费很长的时间。多年以前我三次乘火车从北京前往莫斯科，单程旅行就需要花费6—7天的时间。从经济的角度来看，您认为修建北京至莫斯科的高铁是否为合理之举？

Vladimir Yakunin：这不仅仅是合理的问题。您提到铁路交通用到了"旅行"这个词，是非常恰当的。乘坐飞机的时候，我们位于高空，什么景色也看不见，仅仅是被从一个地方运输到了另一个地方而已。而旅行，则是观察自然，观察当地人的生活方式。作为一个从事铁路工作的人，只要旅途中能欣赏到好风景，我当然更加青睐乘坐火车旅行。您知道，若能建设一条连接北京与伦敦的高速铁路，将会创造出巨大的经济效益。正如我们的国家领导人谈论的那样，也许我们能够开辟一条东起太平洋西岸、西至大西洋东岸的运输线路。在这个过程中，可以考虑采用一些先进的技术，比如磁悬浮铁路技术。未来，也许高铁的行驶速度能够达到和飞行比肩的程度。

沈逸：很高兴来到这里，我有些比较宽泛的问题。第一个问题是关于中俄在当今世界中的战略合作关系。从 20 世纪 80 年代到现在，您亲身经历了世界的变化。那么，您对于中俄关系的重要性，以及如何促进中俄双边关系发展有何理解？

Vladimir Yakunin：20 世纪 80 年代以来，世界格局发生了极大的变化，中国在社会、政治、经济等多方面的崛起即是引起这种变化的重要因素之一。从这个角度而言，当我们谈论未来态势时，欧亚大陆各国的合作、俄国和中国两个伟大国度的合作也将更加深远地影响到世界格局的发展。由这一点出发，我认为中国国家主席习近平最近一次前往莫斯科，与俄国领导人以及他国领导人共同出席俄罗斯纪念卫国战争胜利 70 周年庆典的举动，便清晰地彰显了两国之间的深厚信任以及进一步发展战略合作的意愿。因而我很确信中俄的战略合作将影响世界格局的未来发展。

沈逸：当我们谈及中俄关系时，我们难以忽视或避开美国在此双边关系中扮演的角色。当然在当下，中美、俄美关系之中都存在着一些问题和矛盾。您对于这样的"三角关系"的未来发展有着怎样的理解和预测？有人称中俄更加紧密的关系将发挥平衡美国霸权主义的作用，您对这样的观点持怎样的看法？

Vladimir Yakunin： 中俄两国领导人在莫斯科会面时声明两国的友好关系并不对任何人构成敌对关系，而仅仅是为了促进两国自身的发展。因此，如果有人将中俄两国的紧密关系看作是对某个利益团体的挑战或威胁，那么这种思维方式在冷战后的当今世界显然是落伍的。在我看来，我们需要承认美国是一个伟人辈出、成就卓著的国家，我们必然共存于世。但您也知道，当代社会中，当我们谈论稳定、和平、信任的时候，有一些野心的存在是令人难以接受的。我可以以我自己为例，我是个俄国人，我不想要任何人来教育我怎样生活，那是我不能接受的。我想要我的子孙世世代代生活在纯净明朗的环境中，在全球化的大环境下也能和平地生活，他们可以和他们的中国朋友、韩国朋友、美国朋友交往。我不能接受的是对于我的国家、我的人民和我的子孙的压迫。

沈逸： 您是本届上海论坛的重要贵宾，您能对本届上海论坛提出一些评价和建议吗？我想大家一定会很欢迎的。

Vladimir Yakunin： 对于上海论坛所提出的理念、提供的平台以及交流的实质内容，我们非常重视。本届上海论坛又一次为我们呈现了一个自由交流思想的平台。对于整个世界而言，上海论坛中所传播的观点、所考量的评价，以及更为重要的，上海论坛大家庭之中不同代表方的合作方式，皆会成为对这些观点进行进一步发展以及共同构建互信、和平、可持续发展环境的核心基础。

沈逸： 非常感谢您。

铁路建设：吉尔吉斯斯坦的未来之路[*]

受访者：Temir Sariev　吉尔吉斯斯坦前总理
采访者：冯玉军　复旦大学国际问题研究院副院长、俄罗斯中亚研究中心主任

冯玉军：昨天我们谈论过"要想富，先修路"，说的就是基础设施建设。我们两国已经讨论过中国—吉尔吉斯斯坦—乌兹别克斯坦铁路的建设。然而遗憾的是，到现在为止我们尚未得到具体的结果。在您看来，中国—吉尔吉斯斯坦—乌兹别克斯坦铁路的建设工作有怎样的前景呢？

Temir Sariev：吉尔吉斯斯坦认为，这是最重要的时刻之一。因为您知道，从铁路线路来看，我们国家处在死胡同的位置，所有铁路都通往一个方向。我们还在苏联大家庭的时候，我们的铁路一直停留在边境线上。而现在，对我们来说，非常重要的一件事就是拥有自己通向海洋的出口。在这方面，中国—吉尔吉斯斯坦—乌兹别克斯坦铁路的建设可能会远至波斯湾，穿过伊朗到达土耳其。这是充满希望的未来之路。铁路建设主要存在以下问题。第一个问题是轨距，即车轨无法对接，这是一个很大的问题。在我担任总理期间，我与中国国务院总理举行了洽谈，原则上，我们就怎样建设铁路问题达成了理解，如果需要签署文件的话，这个合同应该是三边的，中国、吉尔吉斯斯坦以及乌兹别克斯坦三国。我个人希望，三国尽快签署协议

---

[*] 上海论坛2017高端访谈。

书，但对于这样大型的项目，需要耗费更多的时间。我可以说，在这个问题上我们已经拖延了很久，应当尽快解决。

冯玉军：据我所知，过去两国在投资领域产生了一些困难，现在我们解决了这些问题，还是说目前依然没有解决？

Temir Sariev：在铁路建设上，关于创建国际联合企业和吸引投资至该领域已经做过预备性谈判。可以说，吉尔吉斯斯坦本国无法独立承担起对这个遍及全境的项目的投资。我们需要来自中国和其他金融机构的支持与帮助。这一方面我认为吉尔吉斯斯坦政府已经认识到了。

冯玉军：现在有这样的倡议，用原材料换取投资，由吉尔吉斯斯坦提供原料，而中国提供资金。但在吉尔吉斯斯坦共和国，有些人对这种模式感到不满意。现在这种观点发生了改变还是依旧存在？

Temir Sariev：不，铁路的建设超越了国别问题，人们不再细究国别问题了。您说得没错，有一部分民众反对这种模式，还有相当一部分政治势力同样反对这种模式。目前最可行的选项是创建联合企业以及吸引外资。这可以在中国、吉尔吉斯斯坦、乌兹别克斯坦三方协议的主持下进行，让三方能够共同建设与经营，因为所有人都可以从铁路中获取巨大的收益。您知道现在的主要货运从中国出发，途经哈萨克斯坦、乌兹别克斯坦、吉尔吉斯斯坦、塔吉克斯坦，而哈萨克斯坦的铁路的通货能力是有限的。通过吉尔吉斯斯坦和乌兹别克斯坦的铁路建设将会提升与优化货运能力，节约很多的时间，这是目前最重要的一点。

冯玉军：乌兹别克斯坦作为一个中亚国家，曾经是中亚诸国间重要的交通枢纽。但我们注意到，近期哈萨克斯坦、塔吉克斯坦、土库曼斯坦这些国家建造铁路都绕过乌兹别克斯坦。您认为这是否会影响到中国—吉尔吉斯斯坦—乌兹别克斯坦铁路建设呢？

Temir Sariev：我不这样认为，您知道中国—吉尔吉斯斯坦—乌兹别克斯坦铁路的建设会提升吉尔吉斯斯坦和乌兹别克斯坦之间的关系。现在吉尔吉斯斯坦和乌兹别克斯坦之间的铁路几乎处于关闭的状态，但这是由于各种各样的政治经济原因造成的。这份中国—吉尔吉斯斯坦—乌兹别克斯坦三方协议的签订是非常重要的，在共同建设基础设施的同时，我们也在提升相互之间的外交关系、经济关系，我们双方正在寻找共识。而关于绕路乌兹别克斯坦，这条信息并不是非常可靠。现在乌兹别克斯坦有了新的领导人，他们在国际关系上更加开放。吉尔吉斯斯坦与塔吉克斯坦之间正在建立良好的关系，政治上的难题已经退居其次，发展经济占据主导位置。如果我们之间能够建立良好的关系，那么居住在乌兹别克斯坦、吉尔吉斯斯坦、塔吉克斯坦的我们的人民都能获益颇丰，乌兹别克斯坦也能获得穿过塔吉克斯坦通往中国，甚至通往太平洋的出口。在乌兹别克斯坦大约有 3200 万人口，这是相当规模的经济体。他们生产许多产品，这些产品可能在中国及其他国家都有需求，而乌兹别克斯坦也对这条铁路有着强烈的兴趣。我们只需要结合各方的利益，坐下来谈判、签署协议。我认为，现在没有什么能影响到这一点。

冯玉军：2010 年吉尔吉斯斯坦发生政治变化的时候，吉尔吉斯斯坦和乌兹别克斯坦的不同民族之间发生了冲突。现在这种冲突是逐渐地减少，还是将继续保持并且对铁路建设产生影响？

Temir Sariev：不，这对铁路建设不会产生影响。确实，在 2010 年我们国家发生了民族冲突，但是我们花了三五天的时间就控制住这场冲突，汲取了很多经验教训，采取了一系列措施阻止这种关系恶化。被卷入冲突的那些人，也就是冲突的始作俑者承担起了责任。他们中很多人现在在吉尔吉斯斯坦之外的地方经营。所以我认为，政府首先采取了一个非常平衡、稳健的政策，以消除未来的冲突。其次，我们应该尽快地解决经济问题，从而创造好的条件。从这方面来说铁路不会阻碍到我们，也不会引发这些冲突。

冯玉军： 自从习近平主席提出"一带一路"倡议以来，已经过去了三四年，前面的谈话中您提到，您认为许多人不理解"一带一路"。但在我看来，人们正在逐渐理解什么是"一带一路"。您认为"一带一路"的倡议会给您的国家带来怎样的可能与机遇？

Temir Sariev： 我认为"一带一路"是非常广大的项目，很多人并不能够理解这个倡议意味着什么、有着怎样的前景。以中国为例，中国已经在经济领域的许多方面处于领袖地位，不仅仅是在日用品的生产方面，如今中国已经成为基础建设项目建设技术的领先者。首先，中国在很短的时间内建立了遍布全国的高速铁路，而中国希望把这项技术提供给其他国家。因为在全球化时代，运输速度有着极其重要的意义。其次，中国有着保证粮食供给的经验，而现在世界上还有三分之一的人口营养不足，还有许多国家无法喂饱自己的国民，中国在短短的数年内完全保证了粮食供给，甚至成了粮食的第一大出口国。这具有重大的意义，因为其中投入了来自各方的力量。因为该领域的科学，中国现在收获高质量的农产品和高质量的食品。第三，中国的经济实力雄厚，能够应用于三国的基础设施建设上，而中国也能借此获利。所以"一带一路"倡议非常重要。

冯玉军： 吉尔吉斯斯坦已经成为欧亚经济联盟的真正成员，这样的一体化组织在后苏联时期发挥了重要的作用，前不久，中国与俄罗斯也签署了关于对接"一带一路"和欧亚经济联盟两个项目的协议。在您看来，这样的对接现实吗？还是只是无稽之谈？

Temir Sariev： 这是一个不掺杂任何非经济成分的经济联盟，联盟将保障商品、服务、资本和劳动力在成员国之间自由流通，并推行协调一致的经济政策，联盟内部不会存在任何经济内幕。据此欧亚经济联盟也致力于以合同的形式，尤其是自由贸易区合同的形式调整与其他国家的关系，现已部分地签署了这样的合同，也有其他国家对这种关系感兴趣，包括中国。在欧亚经济联盟和上海合作组织的框架下，许多国家加入其中。我觉得未来也会推进这一项目，因为欧亚经济联盟将会致力于自身的扩大，取消贸易壁垒，为经济自由往来及经济领域的合作提供保障。因此，我觉得欧亚经济联盟在未来有扩大自己边界的可能。

冯玉军： 欧亚经济联盟在联盟成员国之间推行"四个自由"，然而，对于其他国家而言，或许存在某些障碍，换句话说，尽管现在欧亚经济联盟已经开始与越南及其他国家签署自由贸易协定，但目前为止还没有取得与中国贸易的任何成果。我也间接地听到这种说法，中国的经济体量对于欧亚经济联盟的成员国来说存在危险，我们建立自由贸易区将会非常困难，对此，您怎样看呢？

Temir Sariev： 存在这样的观点是因为中国经济的发展让很多国家感到害怕，我们不应该回避这一点，为了让人们不存在恐惧，我们应该进一步研究这些问题。中国提倡开放的、包容性政治，不干涉其他国家内务。如今中国是吉尔吉斯斯坦的第一大投资国，我们也感受到了来自中国的支持，但我们不应该回避的是民众有一定的担忧，他们担心其他国家赚取利益后一走了之。如果这种担忧继续存在，那将不利于我们的长久发展。有着这样的恐惧，怀疑就会始终存在，我想我们应该进一步研究怎样去除这样的恐惧与怀疑。这在当下是问题，这些问题应该得到解决。

冯玉军： 对于中国来说，这确实是非常大的问题，我们应该寻找最好的办法减少这样的担忧。昨天我也听了您的报告，讲得非常好。您提到对于中亚国家来说应该寻找大国的资金赞助。当下世界在剧烈变化，美国的影响力在减少，对经济和战争的帮助也在减少，与此同时，俄罗斯迅速地提高自己在政治、经济甚至战争领域的威信。因此，出现了这样的问题，对于中亚国家来说该怎样寻找大国的赞助呢？尤其是对于吉尔吉斯斯坦来说。

Temir Sariev： 我认为首先像中国、俄罗斯、美国这样的大国应该进行协商。这里不仅有大国的利益，更有那些生活在其他国家的普通民众的利益，其中包括在一般的小国家中，将自己的思想和理念强加在当地的秩序标准上，我们看到在阿拉伯国家已经存在不应发生的"阿拉伯之春"。因此，不干涉内部流程，这应该成为最重要的原则。同时，为那些有着不同经济发展程度的国家提供经济援助，这也是迫切的。中国是大国，会平等地对待所有国家。我在担任总理期间，感受到了这种态度。这样的原则应该留存，未来会受益匪浅。我们与俄罗斯的关系很好，在加入欧亚经济联盟期间得到了很大的支持，并且建立了吉尔吉斯斯坦—俄罗斯基金。我认为对他们来说，这样的时机将有利于经济、文化方面的发展和合作。

冯玉军： 非常感谢！我想说的是，我们之间有着共同的历史，我们之间存在跨界民族，我们也有着共同的史诗《玛纳斯》。因此，祝您一切顺利，也祝您的国家繁荣昌盛。由于时间关系，我们的谈话先进行到这里，祝您接下来在上海度过一段快乐的时光。

Temir Sariev： 谢谢！非常高兴能与您交流。

埃塞俄比亚：非洲的经济新星*

受访者：Arkebe Oqubay Metiku　埃塞俄比亚总理特别顾问
采访者：郑　宇　复旦大学国际关系与公共事务学院教授

郑宇： 奥克贝博士，欢迎您来到复旦大学。非常感谢您给我们带来一场富有远见卓识的演讲并热心回答我校学生的提问。下面我想问您几个问题。您在演讲中提到，过去14年来，埃塞俄比亚是世界上经济发展最快的国家。您希望将埃塞俄比亚打造成非洲最大的制造中心，让埃塞俄比亚在2020—2025年成为中等收入国家。那么为了实现该目标，埃塞俄比亚应该采取哪些措施？其中主要的挑战是什么？

Arkebe Oqubay Metiku： 郑教授，谢谢您的提问。我先前提过，埃塞俄比亚经济增长速度非常迅速。首先，我们不仅要关注经济增长的速度，也要关注驱动增长的因素。目前的一项核心任务是发展制造业，它是我们经济增长的主要驱动因素。如你所说，我们制定了2025年的新愿景，确定了经济战略任务的核心，即聚焦中间区域。要从基础发展制造业，它是我们的经济命脉。我们的目标是使制造业每年增长25%，GDP每年增长11%。持续的经济增长离不开制造业的发展。第二项核心任务是发展运输业和农业，这是我们未来发展的基础。这项政策将促进生产力从零增

---

* 上海论坛2017高端访谈。

长到高增长，推动农业可持续发展。第三项任务是增加出口。控制出口对于收支平衡至关重要。另外，我们也要发展其他核心产业，改善基础设施。我们相信，通过这些措施，埃塞俄比亚将成为非洲领先的制造业主导型国家。

郑宇： 在您的书中，您提到埃塞俄比亚是受到了东亚发展型国家的鼓舞，并且强调要在实践中学习。践行工业政策需要强大的政府来支持。所有东亚发展型国家的行政系统都是集中且统一的，埃塞俄比亚则采用联邦多党制度。那么埃塞俄比亚如何确保工业政策有效落实呢？

Arkebe Oqubay Metiku： 的确，埃塞俄比亚是非洲文明的领头羊。只有通过实现经济目标、落实经济愿景，才能使经济持续增长。现在发展已经积极落实，并且根据不同条件在不同环境中发挥作用。政策其实在不同环境中都能实现发展，与政府形式没有太大关系。关键问题在于国家如何用可行的办法发展生产力，在这方面我们希望能借鉴其他国家的经验。对我们自己来说，联邦制度是建设发展的最大需要之一。埃塞俄比亚是一个多样化的国家，我们有很多不同的民族和宗教，政治和经济制度也并不单一。在这种情况下，联邦制起到了非常关键的作用。

郑宇： 埃塞俄比亚真的在创建不同于其他东亚国家的、自己的发展模式吗？您认为这种模式其他非洲国家可以照搬吗？

Arkebe Oqubay Metiku： 良好的模式对经济发展来说非常关键。我们的模式可以给其他国家提供发展的动力和经验教训。观察借鉴十分重要，但不必照搬照抄，因为我们的模式在有些国家可能不太适用，因为它们所处的发展阶段和环境与我们不同。时代也要求我们与时俱进，向其他国家学习。东亚制定政策的角度和一些理念都对我们有所裨益，比如做出口导向型国家、集中发展制造业。但是我们应该借鉴哪些国家的经验呢？不应该只向一个国家，而应该向多个不同的国家学习。比如，在科技方面我们学习韩国，在行业政策方面学习德国，工业政策方面学习中国和新加坡的大量经验。所以其他国家也不应该单单照搬埃塞俄比亚的模式。因为每个国家都有其特殊国情。尽管非洲国家和埃塞俄比亚都较为多样化，但我们的人口、国土面积、经济政治状况都不同。所以每个国家都必须批判地参考埃塞俄比亚的经验教训，时刻牢记根据自己国家的特殊国情，取其精华，甚至将我们的模式进一步优化。东亚、包括中国的工业化都非常成功，但同时也带来了环境污染。所以我们在未来的工业化进程中必须兼顾环境。

郑宇：有人说，如果有哪个非洲国家与中国极为相似的话，那就是埃塞俄比亚了。您如何看待中国对于埃塞俄比亚发展的影响？

Arkebe Oqubay Metiku：首先，埃塞俄比亚从未被殖民。我们的人民一直与殖民者抗争，捍卫独立。埃塞俄比亚也曾支持其他非洲国家从殖民者那里争取独立。这是埃塞俄比亚的一个特殊之处。我们相信只要尽最大努力，国家经济就能发展，这也鼓舞了其他国家，推动了整个非洲大陆的经济进展。中国对抗贫困的努力给了埃塞俄比亚和其他非洲国家巨大鼓舞。另外，中国也是全球范围内的制造业大国。我认为这一点值得非洲国家学习，因为制造业的发展确实会推动经济增长。中国在非洲起到了积极作用，是非洲国家的伙伴。我们关注中国的第二点是对外直接投资。中国一直对非洲进行投资，这对非洲国家来说是一个融资的机会。埃塞俄比亚的发展重点并不仅仅在于对外直接投资，我们更加关注制造业、建筑业和农业。其他非洲国家也应该这样做。到2020年，中国将成为非洲最大的外资来源，但对非洲的投资仅占中国对外直接投资的5%。大约90%的中国对外直接投资流向了美国和欧洲等国家和地区。这提醒我们要创造良好的环境，吸引中国投资。第三点是基础设施，这对非洲国家来说至关重要。没有基础设施，我们就无法发展制造业。另外，中国是非洲国家的合作伙伴和外资来源。我认为非洲国家应该抓住这个机会、创造价值。中国在该领域扮演了非常积极的角色，我相信在未来依旧会如此。

郑宇：但是，很多西方媒体有不同的看法。比如《纽约时报》最近的一篇报道中写道，中国对非洲来说是一股新的殖民力量。非洲人民如何看待这种说法？您又怎么想？

Arkebe Oqubay Metiku： 如果他们单单看中国参与非洲事务的程度，他们可能会将中国视作殖民者。但是首先，中国是依据《联合国宪章》参与非洲事务的，《联合国宪章》中要求不得干预他国内政。中国在帮助非洲国家的过程中没有提出附加条件或命令，更与政治扩张无关。第二点，中国也对其他国家（包括欧洲国家和美国）进行了投资，美国也仍然需要中国的投资。另外我们也看到，在一些非洲大国，大型企业几乎都是欧洲投资而非中国投资的。所以我们不应该仅仅看中国参与非洲事务的程度来判断它是否是殖民者，真正关键的是这种参与是否对非洲有利。中国对非洲发展有正面帮助，我们希望可以延续这种局面。

郑宇： 在过去十年中，其他一些非洲国家也发展迅速。您认为这种发展轨道可持续吗？这样的趋势会带来"非洲复兴"吗？

Arkebe Oqubay Metiku： 的确，我们可以看到非洲迎来了一种新趋势，近几年发生了很多大事。危机得到缓解，国家也更加和平。这十年对非洲来说是发展的十年，我们表现出色，一些国家经济增长迅速。另外，国家必须使经济多样化，必须加快经济发展，并保证增长长期可持续。其中的关键在于如何把经济增长转化为经济转型。我认为每个国家都应该注重战略的制定，让经济可持续发展。比如发展制造业可以创造上百万的就业岗位；发展农业对国家经济也大有裨益。

郑宇： 您曾从事很多职业，做过军人、领袖、企业家、学者。其中您最喜欢哪种职业？在未来就业方面，您对中国学生有何建议？

Arkebe Oqubay Metiku： 我最喜欢的工作是提供政策支持，我认为这是很重要的工作，能为公众做贡献。我对学生们的建议首先是带着热情工作，追求卓越，精益求精。另外，每个学生都应该努力为社会、为公众的利益做贡献，只有这样大家才能福利共享。

| 中 篇 |

治理：
新思路带来新机遇

一、务实创新与有效治理

二、全球治理新格局

新丝路带来新机遇 *

演讲者：György H Matolcsy　匈牙利央行行长、前经济部部长

首先我想说"一带一路"倡议应该会成为一个团结和复苏世界经济的重要倡议，同时，它也是一个来自中国的非常公平公正的商业计划，正是我们所需要的能够连接起欧洲和亚洲的倡议。当我们谈到欧盟的时候，用一座桥梁作比的话，我们需要两个支柱。一个支柱是亚洲，另外一个支柱在欧洲，也就是欧盟内部。所以当我们谈到欧盟的时候，可能情况不是最好，现在欧盟内部还没有太多的政治稳定性，并且在其背后还有一些社会不安定的迹象出现。

我发言的主旨在于解释为什么欧洲没有能保持政治稳定和社会稳定的因素，我认为其实这深深植根于欧盟的经济政策。举一个例子，我们都需要一个非常稳定的欧洲，我们都需要一个繁荣和充满活力的欧盟。讲到"一带一路"这样的倡议，我们都知道有一条历史上的丝绸之路。在古代的这条丝绸之路之外，我们还有一条新的路，从亚洲一直通过匈牙利到欧洲。"一带一路"的概念就是提出这些新的连接亚

---

* 上海论坛2017开幕式主旨演讲。

洲和欧洲的路径，其实欧洲人民是非常渴望复兴欧洲、重拾欧洲梦的。

中国可能会成为第四次工业革命的领导者，并且在新的机器时代，中国也会成为一个领导者。中国有一个非常智慧的战略能够帮助它在21世纪取得胜利，这个战略会推动"一带一路"倡议的发展。在中国和亚洲会建立很多通商之路，这是非常好的倡议。我们确实需要非常多的丝绸之路，以便于连接欧亚大陆，连接欧洲和中国。

说到匈牙利，我们是欧盟内一个很小的国家。与此同时，在全球经济环境下，我们的话语权也没有那么强。自2010年以来，我们一直在不断地努力，希望能够更好地应对全球金融危机。匈牙利和希腊这两个国家都在2008年金融危机中受到了重创。在欧盟范围内，我们可能也是受到经济冲击最严重的两个国家。这两个国家在金融危机之前，整体经济状态还是非常接近的。金融危机之后，两国都受到非常大的打击，说明我们对于金融危机的敏感度也是比较大的。其实在2010年的时候，匈牙利和希腊基本还是处于相同的情况，但是我们选择了两条不同的应对途径。

就希腊而言（包括意大利、葡萄牙、西班牙，也是差不多的情况，我只提到希腊，因为希腊和我们更加接近），是被迫走了一条传统的、基于欧盟一体化要求的风险管理之路。但是很遗憾，希腊所采取的整个紧缩政策最终被证明是失败的。希腊现在的经济也还存在很多问题。

而匈牙利则选择了另外一条路，我们采取的是非传统的调整方式，是一种组合方式，而非像希腊一样的紧缩政策。我们有一些合作伙伴，包括一些欧盟的朋友和很多国际经济组织都在指责我们的这种应对方法。就匈牙利而言，我们采取的是全社会分担和共享风险的方式，我们还进行了一些结构改革，最后可以看到这些措施还是很成功的，我们也是欧盟内唯一成功的国家。金融危机之后，在分享或是共担的税收制度上，我们也采取了一些新的改革措施。我们还实施了新的财政政策，包括央行，也采取了非常具体的措施，包括监督市场。

可以看到，财政政策和宏观调控能够帮助我们更好地进行调整。而且我们在经济，包括GDP增长方面也得到了一定程度的恢复，这是我们多管齐下，同时进行结构改革和整个税收制度改革所取得的成果。除了监督市场，我们还进行了税收改革和其他一些创新的改革措施。比如说，我们采取了统一的所得税政策，现在的统一税率是 15%，企业所得税是 9%，同时我们大幅度压低所得税的税率。我们还在不断进行市场开放，我们非常欢迎开放的"丝绸之路"。与此同时，我们在稳定物价水平还有公共项目方面也取得了一些成效。另外，我们还采取了一些措施来帮助我们的中小型企业更快地发展，比如说我们为中小型企业提供更多的资金。虽然匈牙利整个经济发展恢复得有些缓慢，但是已经略见成效了，毕竟我们现在整个的经济基础恢复增长率也才 0.9%，而且我们很多的创新措施得到了国际货币基金组织的支持。

匈牙利和希腊这两个国家的起点是一样的，都受到金融危机的重创，但是最终的结果却有很大的差异。就两国的历史背景来说，相似点还是有的，而且我们在竞争方面也是很相似的。我们两国的债务都比较大，特别是外债和公共债务。但是在金融危机之后，匈牙利采取的是结构性改革，并且是以一种独立的方式来进行调整。事实证明，我们所采取的措施在经济发展上是行之有效的。我们提高了就业率，GDP 有所恢复，偿还了外债，公共债务的比例在不断下降。但希腊仍然在泥沼中挣扎，由于他们采取错误的经济政策，外债不断攀升，失业率仍然居高不下，希腊仿佛陷入了一个恶性循环。

匈牙利树立了一个非常好的榜样，告诉了整个欧盟成员国，我们都能够跳脱这个困境。作为欧洲和亚洲间的桥梁，我们也希望能起到更加重要的作用，我们希望"一带一路"能够更好地促进两个大洲之间的交流和发展。

新发展理论和国际外汇 *

受访者：Luiz Carlos Bresser-Pereira 巴西财政部前部长
采访者：Sergio Suchodolski 金砖国家新开发银行战略合作关系局前局长

Sergio Suchodolski： 昨天我们已在论坛开幕式以及圆桌论坛上听取了您发表的两场演讲，您在演讲中强调要重视本币贷，您也是多边开发银行本币贷款的倡导者之一。根据您20世纪80年代担任财长的经验，拉丁美洲国家一般都会直接处理外债危机或通过布雷迪债券和其他担保形式加以处理。您能同我们讲述一下当时的历史背景以及您为何倡导这一调节工具吗？

Luiz Carlos Bresser-Pereira： 20世纪80年代的这场金融危机十分严重，此后的十余年各国才恢复元气。也就是说在这十余年间，巴西的经济发展停滞。而在此前的20年，巴西的经济增速一直维持在较高水平，当时能够赶超巴西的国家可能仅有日本。而这场金融危机打断了我们的增长。为什么说是这场金融危机呢？因为我们当时诉诸外资手段。在1973年，第一次石油危机爆发。大部分国家都在试图调整经济方针，但巴西政府没这么做，政府认为在这样的增速下不会有何大问题。我们有模型做预测，所以我们诉诸外资来解决问题。当然结果不尽如人意。当时的争论

---

* 上海论坛2018高端访谈。

主要集中在投资的长线化和基准利率。哪种形式能让内部收益率超过利率？对于企业来说，其中只有汇率风险。但是对于国家来说，情形截然不同。经济发展低迷是关键。汇率会发生何种变化？如果一个国家决定增加国外储蓄，若他们不能像世界上除了东亚的绝大多数国家和地区那样处理信贷，那就应该考虑诉诸本币手段。因为若要偿付债务，就要顺应资本流动，而这种情况要求资本流入长期大于资本流出。而汇率也同样地要被高估，也即超额货币供给。这对国家来说并不好，因为在这种情况下制造业不再以竞争或者说技术进步推动自身发展。

Sergio Suchodolski： 这十分有趣，要知道我们近几年见证了创造性的改变，首屈一指的就是一系列中等收入国家的产生和类似金砖国家这样新兴市场的诞生。这些国家通过过去十年的努力在经济体量上远远超过了我们昨天圆桌上所讨论的一些国家。他们合力推动着国际秩序和以国际货币基金组织、世界银行为代表的国际组织发生变革。为了顺应他们自身经济体的发展，他们决定成立新的机构。所以我们也就看到了金砖国家、新发展银行和亚投行的出现。你如何看待这些机构的产生以及他们的未来发展？您可以结合自身的任职经验从财政、改革、科技三个视角谈谈吗？

Luiz Carlos Bresser-Pereira： 显而易见的是增长源于投资，而投资有赖融资。企业不会凭空有钱来投资，融资是必要的环节。而对于这些银行，无论是国内的还是国际的，首先要做的还是融好资。若某个国家没有如期达到信用水平，可借助本币贷款或外币贷款。但在某些情况下，一些国家由于政策没有发生信贷。如果真是这样，需求产生了，就会流向国家进行的海外直接投资或提高准备金率。这就是中国所做的，中国也由此收到了大量国外的直接投资，但这就造成了账户盈余，所有的钱又流出去了。上面提到的是经济金融视角。而科技视角则更多关注制造业的生产力。目前很多跨国公司的业态并不具有竞争力，他们不投资也算情有可原，因为他们面临的汇率也无法赋予他们竞争优势。我将之称为新发展陷阱，巴西经济正身陷其中。我已经预计到中国该怎么做。当然我知道巴西与中国不同，所以我们期待中国的做法，一个超脱信贷规则的东亚国家的做法。

Sergio Suchodolski： 我们恰好谈到新发展陷阱，也结合您昨天发言时谈到的经历，您被第一波发展中经济体大潮深刻影响，并受到他人的启发。您能同我们进一步谈谈新发展理论吗？

Luiz Carlos Bresser-Pereira： 我就结合这点对之前的问题再作一些回应。与新发展理论相对的是经典发展理论。这个理论的主要论调是国家有赖工业化发展，而国家也需达到中等规模且运行有效才能推动工业化。这与新古典主义学说相悖。到了20世纪六七十年代，学说本身也不是什么新的贡献。但变化来了，欧美的自由主义兴起，而像世界银行这样的国际组织也不受理论的指导约束，不按套路出牌，发展几乎被遗忘。而时新的主流是众人所言的改革将带来增长。不过，这显然是假的。我们明显需要一个新的理论，因为当时的理论构建于发达国家的宏观经济发展背景，而非发展中国家。

另外的特别之处是在于拉丁美洲、非洲、东亚投资都会面临荷兰病，汇率因某一初级商品出口而被高估。所以我们总结出几个原因并由此形成一些想法。我们重点关注的是宏观经济的五大指标，即汇率、利率、工资率、通货膨胀率和利润率。它们是对的，但市场扭曲了它们，所以你还是得调控它们。这个理论并未放弃传统的产业政策，但它更主张宏观经济本身比产业政策更重要。我们考察韩国或者中国就能认识到产业政策是一个重要的选择。在此之前，五项指标一般都是准确的，因为政府发展得很完备并有能力管控各项指标，特别是汇率。这会促进竞争，促使企业投身技术进步。若上述指标是自由浮动的，那将增加外汇储蓄，这对本币有利。

从行政管理的角度，政府应如何管理此类政策？央行的存在是因为国家意识到他们需要管控利率和通货膨胀率，而工资率直接受到行政方管理的影响。国家真正需要的是管控利率。为此，你需要一个委员会负责此事，在政策和央行职能上做决策，并对之负责。这是一个与央行类似但独立的机构，来制定汇率政策。相关政策的制定有三个关键点。第一是要中和荷兰病，可以通过出口税对该初级产品的国际价格产生影响。第二，要放弃两种错误的观点，增长并不与储蓄画上等号，增长更不是当前账户的赤字。因为赤字意味着潜在的通货膨胀。第三，你要管控好资本。

资本管控虽不是首要的，但也是第三重要的，这是必要的。做到了这三件事，我认为国家就能管控好汇率，并形成良性态势。如此，投资与增长是相辅相成的。在这种情形下，也可说增长和汇率是相辅相成的。

Sergio Suchodolski：您会担心影子市场吗？我的这个问题与我们圆桌论坛的一位参与者的研究有关，他以中国为例研究了影子银行。您会担心自己的论调给外汇蒙上影子银行的色彩吗？我们该如何处理这一问题？

Luiz Carlos Bresser-Pereira：我并不是主张固定汇率制，汇率仍将是浮动的。我更多主张的是施加税收，这将对货币供给产生影响。黑市往往由于固定汇率而产生，若失去了这个先决条件，它便没有理由产生。

Sergio Suchodolski：我相信也有很多来自复旦大学的学生正观看着我们的视频，我们举办的是一场十分国际化的活动。我也知道有很多从世界各地来到复旦求学或者上海工作的国际人士在关注我们。您有哪些创造性的观点想要同他们分享？

Luiz Carlos Bresser-Pereira：我觉得他们都可以学习一下新发展理论。我将著述发布在了网上，它们绝大部分是用英语写成的。我非常欢迎学生朋友们来我的个人主页获取我著述的相关原文及信息。

Sergio Suchodolski：再次感谢您接受采访。

新开发银行的架构、使命与历史意义 *

演讲者：Paulo Nogueira Batista Júnior 金砖国家新开发银行前副行长

我们在上海建立的新开发银行，是由金砖国家牵头组建的，但它不是金砖国家银行。随着新开发银行入驻上海，2015 年 7 月我也来到上海。差不多十个月以前我们才成立这家银行，所以目前还处于起步阶段。管理团队成员包括来自印度的行长，以及来自巴西、中国、俄罗斯、南非的 4 位副行长。

我们在上海才工作了十个月，已经取得了很大的成就。首先，我们在五个金砖国家政府支持之下成立了一个秘书处，这个秘书处由大约 40 到 50 人组成，成员主要来自我们五个国家的政府和银行业。我们一起努力为银行制定了初步的政策。我们和中国政府签署了关于总部的协议。同时我们也已经在 2016 年 4 月宣布了第一笔贷款——卡马特行长 2015 年就说过我们在 2016 年 4 月要完成第一笔贷款。我原以为这过于乐观了，但是没想到通过不懈努力，我们完成了预期目标。现在我们打算推出第一只人民币债券，我们称为绿色债券。在中国政府的批准之下，我们希望这

---

* 上海论坛2016闭幕式主旨演讲。

只债券在今年年中能够进行发行,尽管银行还处在创立的阶段,我们已经取得了很多成绩。

新开发银行的架构设计

请允许我介绍一下新开发银行的架构是什么样的。它的架构其实和其他国家发展银行没有太大区别。首先,我们的管理委员会是最高权力机构。这个管理委员会2015年7月在莫斯科以及2016年4月在华盛顿已经开过两次会了,2016年7月将会在上海再次开会。其次是董事会,董事会是由五个金砖国家的副财长组成的,已经会晤五次了,他们的主要任务是批准管理层提交的管理方面的政策。和其他多边国际开发银行及国际金融机构董事会不太一样的地方在于,一般这种国际机构董事会都是常驻型的董事会,我自己之前就是巴西驻世界货币基金组织的常驻董事。而新开发银行的董事会则是非常驻的董事会。我们平时常驻在所在国的首都,需要的时候我们会一起聚到上海或者其他地方来开会。我离开华盛顿之后,就进入管理层。我们新开发银行有一个创新的地方就是建立了非常驻的董事会。常驻董事会可能对银行管理有较大的影响力,因而也会造成阻碍。我之前担任常驻董事的时候,还觉得自己有用武之地。但是我在来到上海做管理层之后,我开始考虑常驻董事的利弊。它最大的优点可能就是离管理层近,使得管理层不会为所欲为。但是另外一方面,如果没有常驻董事会,确实能省下大量的经费,也能省下很多员工工作的时间。所以这是一个有待进一步讨论的问题。

我们的核定资本是一千亿美元,初始认缴资本五百亿美元,已经缴入一百亿美元。这笔款会在未来70年逐步地交进来。2016年1月份的时候,第一笔注资已经注入银行,由俄罗斯支付了第一和第二批款项,我们还在等第二批款。所以我们现有的资金比预计的要多一些——十亿美元。

成员国之间达成的协议是五个创始国持有一样多的股份,因此他们的发言权也是一样的。在整个投票机制当中,每个国家都有20%的投票权。这种投票机制可能也是比较罕见的。我们有五个创始成员国,每个成员国投票权和股权都是一样的,这是一项政治决议。银行的总部设在中国,第一任行长是一个印度人,董事会的主席是巴西人,管理委员会主席是俄罗斯人。非洲区域中心会设在南非。这是我们之前商议的政治力量的权衡。

我们和其他银行有什么区别呢？第一是决策方式和投票权分配的不同。比如可以将新开发银行与亚投行进行比较。亚投行总部设在北京，由中国主导，中国的投票权占了 26% 并对主要事项拥有否定权，就像大多数国际开发银行都会有一个国家拥有投票上的主导权或者否决权。而在我们的架构设计中，所有的决策力求协商一致达成，但是规则上却没有强制说每一个决定都需要所有人同意。这很重要，因为如果一致是必须的话，那就是说五个国家都有实际上的否决权，这将不利于决策的产生。我们有简单多数规则、特定多数规则，但没有一致同意规则。而在亚投行，主要决策需要实行的是 75% 的特定多数，这给予了中国否决权。美国在世界银行也是如此。

第二是银行成员加入的形式不同。我们知道亚投行的成员国数量非常多，一共有 57 个。成员国既包括金砖国家，也包括很多欧洲发达国家，还包括澳大利亚和新西兰，它们都是亚投行的创始成员国。我们新开发银行打算采取另外一种方式。我们经过协商一致建立了银行的架构，然后再将成员资格开放出去。正如我一开始就说了，我们不是"金砖国家银行"，我们是"新开发银行"。名称的选择很重要。首先，没有用"金砖"。其次，加了个"新"字。根据我们的章程，银行应该对所有联合国成员国开放。但只是我们的做法跟其他银行不太一样，我们是先把银行架构建立好，把所有基础任务完成之后，再向联合国其他成员国开放资格。

第三是银行面向的对象范围不同。与亚投行不同，新开发银行未来将向所有联合国成员国开放成员资格，并面向所有发展中国家提供贷款。亚投行当然也在亚洲以外运作，但项目重点还是聚焦在亚洲。

在 2012 年到 2014 年之间我们进行了谈判，然后 2014 年 7 月在巴西签署了协议。我原来以为各个国家批准协议会花点时间，但是在短短一年时间里面所有国家议会都批准了这样一个协议。因此在 2015 年 7 月五个创始成员国家完成了批准程序，开始在上海建立了新开发银行。我刚才说过在很短时间里面我们的董事会就通过了首批行动任务，我们在巴西、印度、中国和南非对一些项目进行了贷款。2015 年 4 月，管理委员会在华盛顿通过了这些项目的审批。我们希望让我们银行尽可能快地运转，提高它的运营质量，同时避免臃肿官僚机构等常见的一些问题，并保持这种常态。

当然这个银行肯定会受到借贷方的影响，也就是新型经济体和发展中国家。此外，发达国家也可以加入到这个银行，但是它们不能获得控制权，我们要确保在这个银行当中80%的投票权是由发展中国家或发展中市场控制的，而发达市场最多只能占20%的股份。从某种意义上说它确实是金砖国家银行，金砖国家至少会保持50%的投票权，而我们至少会开放45%的股份和相应的投票权给发达国家。

新开发银行的使命责任

那么新开发银行它的任务是什么呢？我们的两大重点是传统的基础设施项目和绿色的可持续发展项目。可持续性已经成为银行章程的一个部分，这并不常见，我们有这样的银行架构可以让我们持续支持一些绿色项目。有些银行，比如亚投行，它的任务为什么比较广阔呢？亚洲基础设施投资银行的任务就和其名称一样，投资和基础设施建设。我们新开发银行的任务则相对较小，因为新开发银行并不打算对其他国家进行任何政策方面的干预。

我们没有所谓的"救世主情结"。我们只会根据其他国家现有的政策框架提供相应的贷款，我们不会对其他国家制定政策的过程设定任何的限制性条件。这和华盛顿的机构不同。它们非常乐意给其他国家开出政策的处方，甚至直接对贷款国的政策提出要求。我们在本行的章程就明确说明，我们不是根据受贷款国的政治特点对某个国家发放贷款，也不会因为政治上的考量而拒绝向某一个国家发放贷款。我们是一个技术性的银行，我们只根据具体的发展项目来决定是否发放贷款。

新开发银行并不是对现有国际金融秩序的挑战，我们的任务是补充并且和现有的国际金融秩序体系进行合作。我们已经和世界银行、亚洲开发银行以及其他的发展银行进行合作，试图从它们那里学习，并认为可以从既有机构中学到很多。同时我们也需要认识到现有的金融系统，尤其是那些总部设在华盛顿的国际金融机构可能没有充分认识到新兴市场的重要性，所以金砖国家才会成立自己的金融机构，而中国则在北京成立了亚投行。如果这些已有的世界性的金融机构有足够的灵活性进行适当的变化和改革来满足新兴市场和新兴经济体的需求的话，那么也许不一定会有亚投行，也不一定会有金砖国家银行和新开发银行。我们就是在努力打造一条新的道路。

新开发银行的历史意义

我在华盛顿工作了八年,那时才刚开始有了"金砖国家"的概念。当时作为巴西驻世界货币基金组织的代表,我参与了金砖国家的谈判。我记得第一个启动议程并要求其他国家参与讨论的是俄罗斯。所以第一次峰会是在俄罗斯召开的。然后其他三个国家也参与了,但是那时候南非还没有加入。对于俄罗斯提出的倡议,其他国家纷纷表示赞同并愿意加入。金砖国家开始谈判,考虑要作为一个整体开展行动,参加 G20,参加世界银行以及国际货币基金组织。由于美国和欧洲刚刚发生过经济危机,所以当时大家对金砖有一个期待,觉得可以在现有基础上打造一个升级版的机制。这样的期望从当时来讲并没有错,但是执行得并不是很到位。从 2011 年到 2012 年,金砖国家的领导人们意识到华盛顿方面改变的速度非常缓慢,所以就提出是否要建立独立银行,是否要来建立独立的货币基金组织。从 2012 年到 2014 年开始作为两套方案平行推进,2014 年最终签订协议。

我为什么要提及这样一小段历史呢?原因在于我们从来都不应该忘记我们是如何走到现在并产生影响的。我们并不是重复以前所做过的一切,否则毫无意义。

我还想简要介绍一下我们是怎么看待这个新国家开发银行。这个银行的名字是真正做到了实至名归。"新开发银行"的"新"至少有三点。第一,历史上从来没有任何一家银行能够有这样一个国际性的范围,而且仅仅由发展中国家建立。我们知道亚投行中有很多发达国家、发达经济体和政策制定者,而我们这个机制只是由五个国家发起。

第二,我们的治理结构非常简单扁平化,运作成本低,同时运作效率也很高。我刚才讲过我们和其他银行不同的是,没有任何单一的成员国能控制着银行或有唯一的否决权或决定权。我们的执行速度相对比较快,没有很多的繁文缛节,而且保质保量。比如说我们从项目的设立一直到项目的批准约需要 6 个月,而现有的任何其他机构差不多要花 16 个月甚至更长的时间,包括层层审批、层层咨询、认证才能够最终执行。

第三,我们做了更多的探索尝试。我们想用成员国的货币来运作。我们将在未来几个月发行人民币债券，并允许能够在中国用人民币借贷，然后和其他国家进行货币互换，再用换过来的货币进行贷款。可持续性是个关键。一方面我们有绿色债券，一方面我们有绿色项目，两者之间可以进行对接，并且实行资产负债表的平衡。我们希望打造一支充满朝气和活力的团队，这些团队能够面对未来的挑战。因为像我这样的老人尽管可以学习，但是学习的难度似乎更大了。因此我们需要吸收更多的新鲜血液，而且要有年轻的主题，比如可持续性发展。我们觉得这对于理事会、董事会等各个层面的管理机构都是有帮助的。我们在社会环境政策、社会标准，以及在采购方面都会有一些新的动作。我们刚才提到说希望确保这个银行成为一家技术型的银行。我们最不希望发生的就是一个国家只因为它让某一个创建国感到不满而被否决了，这是我们章程中最起码的一点，我们要保持。

这就是我们的计划。我们目前处于发展的起步阶段，我也知道我们的计划非常雄心勃勃，不一定能做到立竿见影，但是至少让大家知道了我们的立行之本以及未来的方向。我们的环境也正在发生变化，无论在哪里都是如此，因此这对我们来说是一个很大的挑战。我们必须不断保持学习的心态，戒骄戒躁，保持初心。随着时间推移，我们会看到梦想逐渐实现。

高科技时代的愿景：商业、经济和教育的新模式＊

受访者：Myron Scholes　1997年诺贝尔经济学奖得主、斯坦福大学Frank E. Buck 金融学荣誉教授

采访者：张　军　复旦大学经济学院院长，复旦发展研究院副院长

张军： 每次我飞到美国，我都在想旅程实在是太长了，而去还经常需要花好几天的时间来适应时差。所以，有时候我喜欢在线工作或谈话，而不是实际到达现场。昨天，在上海的一位企业主告诉我，他的公司正在开发一个在线通信平台，该平台将美国的医生与中国的患者联系起来。在中国人越来越富有的时候，他们也希望享受到在美国的高水平医疗服务，但是要是真去美国治疗的话，花费又太高了。所以，公司想要抓住这个机会，并建立这样一个平台来实现利润。但是现在，他们急切地想要知道，我们能否真的通过互联网来实现联系？

Myron Scholes： 我想这个想法我们已经实现了。我的一个朋友就有一个机器人，这个机器人在美国境外的医生身边工作，照看患者，然后将所有的信息传送给在美国境内办公的医生。这意味着，两个医生可以一起为一个患者进行治疗。我们已经可以通过使用机器人来实现这样的连接。

＊ 上海论坛2015高端访谈。

张军：现在机器人在一些富裕的中国家庭里非常受欢迎。因为这些家庭的子女经常会离家工作，他们年长的父母就要独自在家生活。而这些子女仅仅需要把机器人放在家里，就可以很好地照看他们父母的生活状况。

Myron Scholes：由于我们将进入老龄化社会，所以我们需要想出儿女们如何照顾他们父母的办法。机器人将可以成为很好的"儿女"，来陪伴老人并照顾他们。

张军：我听说您非常热衷于高新技术产品。那么，您对从现在起十年后的尖端技术发展怎么看？

Myron Scholes：这个问题非常好。我认为，新技术会造就新的经济状况，包括个性化、灵活性和速度的提高。通过互联网在商业中的作用，我相信，市场将从卖方市场转换到买方市场。客户都希望个性化定制他们想要的产品，这一点为商人如何制造和经销其产品带入了更大的灵活性。在我看来，商业网络的发展实际上在于：信息高速公路将被用于帮助商人找到一种方式来更高效地为其客户提供更好的解决方案并满足其个性化需求。这就是未来的情况。

张军：解决方案提供商将会控制模块化生产，而这实际上是与现在的批量化生产不同的。在批量化生产的情况下，厂家通过进行标准化产品的大规模生产就可以满足客户的需求。现在，您提出了不同的观点：客户需要厂家提供个性化的定制产品。

Myron Scholes：这正是客户想要的，这将会给我们带来彻底的改变。我相信，世界将会从交易处理模式转向交易分析模式。这种转变将如何改变经济、生产甚至我们生活的方方面面。对商人来说，拥有信息高速公路并理解交易顺序是非常重要的，并且他们需要有能力来使用他们所得到的信息。通过这些知识与信息，商人可以更加高效地销售产品和服务。在区块链里，信息高速公路和交易顺序将帮助验证贸易和交易，并为商人和客户创造互动渠道，以此来更加高效地进行商业活动。我们是否能够想出有效克服交易中种种障碍和问题（例如运输问题）的方法，很大程度上取决于我们拥有多少信息。而我们拥有的信息越多，产品和服务的开发将会越好。

同时，我认为区块链概念的发展意味着未来将会有不可思议的变化。可以预想的是，区块链将使得全球的信息流更加灵活，并打破我们现在所面临的银行垄断、信用卡垄断。我的观点是，金融和经济，以及在这个领域内的很多事情，已经发生了巨大的变化。这是令人惊喜的一面，可以使金融运行更加高效。但我同时也认为，随着技术、机器人和创新的使用，将会出现大量的网络技术方面的重大突破。

而关于产品规格，很多年前，当我还很小的时候，我的母亲在加拿大的一个百货商场工作。在那里工作的矿工们，只能买到一种鞋码的靴子。所以鞋号小一些的矿工们只能将袜子塞进靴子里。而鞋号大一些的矿工们却几乎没办法走路了，因为靴子太紧了，他们根本穿不上。所以，当有人想出了新点子，开始生产和销售大、中、小三种规格的靴子，他们的生意立刻做得有声有色，销售利润远远超过其他商场。而现在，我的鞋码已经具体到 43.6 码。将来，我左脚的鞋和右脚的鞋，可能是不一样的鞋码。可能我左脚穿 43.5 的鞋，因为左脚大一些，而右脚穿 43.4 的鞋。所以，所有的事情都会越来越个性化。创新和生产的模式都将会改变。我们有相关的研究和开发，但是将不会只是在实验室中测试了。我们应该不断学习和创造，并且需要获得反馈。创新将不仅仅在技术领域内发生，不论是在中国、美国、欧洲还是日本，创新还会在有效反馈和有效学习的基础上进行。

张军： 您是否相信新技术，例如 3D 打印机，将会改变传统生产模式？

Myron Scholes： 目前的一些新技术非常了不起。北京有世界上最大的 3D 打印设备。而现在，该设备正在打印飞机零部件，例如机翼和类似于这样的东西。你可以让这些东西变得更轻，而同时让其变得更加结实。远程医疗是一个不错的概念，并且是医疗领域内技术应用最高效的例子。在老龄人口不断增加的情况下，我们将会在照顾老龄人口的方式方面看到更多的进步。同时，还有一些提高生产效率的方法，比如，如何使用传统的自然资源（例如水资源），如何使用太阳能等新能源，将会变得非常重要。如果能够以正确的方法使用资源和技术，效率将会得到极大的提高。

同时，我认为教育的方式已经在全球范围内出现了巨大的变化。看一下远程教育的奇迹，我们实际上让在无法接受教育的地方的数十亿人口接受了教育。这是一个奇迹般的变化，人们需要这个。而现在，例如在印度，受教育率已经达到了10%。

张军：10%。这和中国的受教育率比起来差距太大了。

Myron Scholes：中国的受教育率是80%。在印度，800 000教师中只有1%是合格的教师。所以如果你想要将社会发展带入一个充满创新和创意的世界，那就需要一个起点，这个起点就是更好的教育。所以这就是为什么我们需要远程教育。我希望整个教育系统都将发生改变，变得更加个性化，而不是以一种方式提供所有人的教育。如果我们通过远程教育定制教育，那么我们就可以在全球范围内拥有一个更加包容的社会，并不断提高人才的价值。因为我相信，智慧不是固定的。我们中的许多人相信，我们生来就带有一定水平的智慧。我不认为这是真的，智慧是随着时间的推移而逐步成长的。你变得更加聪明了是因为你在学习。

张军：您是否认为在印度实施远程教育会比较困难？

Myron Scholes：是的。不过现在很多人都有手机，我们可以考虑通过手机进行教育。我们在非洲有一些互联网教育的案例，他们没有老师，没有教科书，什么也没有。但是他们有一台电脑，学生、儿童，所有人都围在电脑旁边去学习，所有人都想要学习。那么问题就是，我们如何使用互联网，以及我们如何使用手机。我们需要将机动性纳入考虑范围内，并把所有人都能有一部智能手机这种观念纳入考虑范围中。有些人一天只能赚2美元，但是都在使用手机，我不知道他们是如何做到这一点的，他们每个月要支付大约10美元的手机费。

张军：我听说您在高中时代就购买过股票，这让我感到很惊讶，因为我并没有想到那么年轻的学生就已经能够买股票了。

Myron Scholes： 实际上我出生在加拿大一个叫 Timmins 的地方，在那里有许多价格很低的股票，所以当时在股票市场中有很多投机行为，而那些人实际上都在赌博。我不赌博。但是我开始对股票感兴趣，并开始考虑其在经济学方面的价值。我之所以对金融产生了兴趣，有一部分就是因为在那时候经常观察人们在股票市场中的行为。

张军： 您在麦克马斯特大学所选的专业是什么？

Myron Scholes： 在麦克马斯特大学，我选了数学和经济学专业，主修数学。当我从麦克马斯特大学毕业的时候，我实际上并不清楚我想要做什么。在 1962 年我去了芝加哥大学，做了一个暑假的计算机程序员，和做计算机工作的教授们一起工作。他们发现我拥有很好的想法，所以他们就给了我博士奖学金。

张军： 您什么时候意识到期权模型会转变我们对资产定价的概念？因为之前所有关于资产定价的概念都与风险溢价或多或少相关。看起来您并不相信这是正确的方法。我很好奇您是什么时候意识到您可以在这方面进行创新。

Myron Scholes： 可能是我开始在麻省理工学院工作之后。那时我正跟我的学生一起工作，他们将期权带入了市场中，而我开始涉及期权定价的问题。而且我也在考虑期权的动力及其变化，这让我感到很兴奋，因为风险是在改变的。我与 Fisher Black 谈了很多，因为他同样也在那个时候研究期权模型。所以我们一起进行了研究，发展了这套理论。而有趣的事情是，在 1971 年公式列出来了，直到 1980 年才被用于研究在芝加哥或纽约的期权交易所的证券。换句话说，在 1980 年，投资银行开始改变其设计产品的方法。这创造了金融革命。

张军：正如我们所知道的，Black-Scholes 公式被认定为改变世界的 17 个公式之一。但是我听说，在一开始，您的论文被不同的杂志退稿了好几次。那么，最后是怎么在《法律与经济学》杂志发表的呢？

Myron Scholes：因为人们发现这个公式最初有些过于抽象，所以我们进行了解释，并对公式进行了证明。

张军：那么，您如何看待这个公式？您认为它是过于简单还是过于复杂？

Myron Scholes：公式其实在一定程度上是过于复杂，所以人们并不理解这个公式。但是同时，这个公式是很不寻常的，因为这个公式是在无需知道未来市场中期权精确回报的前提下对该期权进行定价的方法。

张军：我知道在 1997 年，您与 Robert Merton 共同获得了诺贝尔经济学奖。您的模型和 Robert Merton 的模型之间有什么样的区别或联系？

Myron Scholes：其实我是和 Fisher Black 一起开发出这个模型的，但是很遗憾，他在我们获得诺贝尔奖的两年前去世了。我们的模型为定价提供了一个解决方案，而 Robert Merton 在我们之后又给出了另外一个解决方案，该方案就是通过我们所没有使用的连续时间数学增强对事务的解释。但是我依然偏好于离散时间方法，这能够让我们获得更大的灵活性。

张军：您能否谈谈您现在的研究？

Myron Scholes：我最近在关注动态风险管理。我正在考虑动态风险是什么，以及如何管理风险。我希望找出其是如何变化的，以及如何使用该信息。我尝试为其建模，并将其应用在资产组合管理中。

金融创新的未来*

演讲者：Myron Scholes 1997年诺贝尔经济学奖得主、斯坦福大学Frank E. Buck金融学荣誉教授

要理解全球金融体系运行与发展的机制，理解当今世界金融体系一体化的趋势，关键是要理解金融体系的六大功能：1.便利交易、促进贸易；2.为大规模项目提供融资；3.转移、配置全球范围内的资源；4.分摊、转移和降低风险；5.提供价格信号和估值参考；6.降低信息不对称性，减少无谓损失。理解金融体系的这六个功能，无论是对中国自身的发展、"一带一路"的开展还是亚洲国家生产力的提高，都有重要意义。

金融体系的第一个主要功能是促进贸易和交易，从而使得国内外的货物、服务和资源实现更高效的转移，优化资源配置，提升经济运行的效率。

金融体系的第二个功能是为大规模项目提供融资。这里的大规模项目，既包括了团队与个人层面的项目，也包括了公司层面的项目。对于一个缺乏资本的团队，

---

* 上海论坛2015开幕式主旨演讲。

他们无法推进项目，无法提供满足社区需求的商品与服务。对于一个譬如在巴基斯坦或者中国的小型企业，因为贷款成本小于资本边际产出所带来的收益，它也需要资本。碰到以上情况，金融的作用就在于将需要资本的团队、个人或公司与资本相结合，为资本的需求方与供给方搭起桥梁，使得资本得到最高效的利用，这对于中国、亚洲乃至世界的发展都是十分重要的。

金融体系的第三个功能就是促进资源的转移，优化资源的配置。假如一个人可能因为旅游、买房、教育、医疗保健或其他原因而产生存款或是购买保险的需求，金融系统的出现使得这些行为产生的资源转移发生在整个世界范围内，而非仅仅在一国内部。

金融体系的第四个功能就是转移、分摊和降低风险。什么是风险？如何管理风险？对于企业与个人，如何在获取资源、专注于自己的比较优势的同时降低或者对冲风险？有效的市场能通过有效的风险转移体系将风险更加均匀地分摊到每个市场参与者身上，对于企业或者个人，他们就能够利用这样的体系获得更快的成长。

金融体系的第五个功能就是提供价格信号和估值参考。通过金融市场所提供的有效的价格信息，市场参与者可以知道交易的价格，并迅速做出决定是否要进行交易，从而提高交易效率。这也意味着拥有连接世界市场的渠道对于企业是十分重要的，它可以帮助企业提高竞争力并且明确哪里适合融资，哪里适合投资。当缺乏价格机制时，资本的有效配置就会变得十分困难。比如在一个私人市场或者是封闭市场内，市场参与者会很难发现市场真正的价格，阻碍决策，使得这个市场缺乏效率。因此，对于一个地区或国家的经济发展，建立一个有效的市场并让价格信号发挥其应有的作用是十分重要的。

金融体系的最后一个功能是降低信息的不对称性，减少无谓损失。对于金融市场来说，信任是交易双方达成交易的基本前提，通过金融体系创造信任已经成为金融体系的一个新目标。在全球经济当中，任何由信息不对称所引起的交易双方的不信任，都会导致市场的低效。

金融业发展有三个新特点：1. 快速化；2. 个体化；3. 灵活化。

针对第一个特点，以上论述的金融体系的六大功能无论对中国、俄罗斯，还是对美国、欧洲都是相同的。不同之处在于各国提供这些金融相关服务的机构。在网络全球化、知识经济以及经济增长的内在要求下，每家金融机构都在特定的领域内提供他们的服务并且根据市场需求情况不断变化自己的业务范围。在瞬息万变的金融市场中，唯有营利的目的不会改变。这就要求金融机构考虑如何更快地为个人或机构、政府和其他的一些组织提供服务。金融业可以让某些机构的融资速度加快，可以让资本需求者与资本更加快速地结合，实现产出的快速增长。总之，对于金融业来说，速度就是一切。

除了快速化之外，世界各地的金融业也都在尝试提供个体化、定制化的金融产品或者服务，以满足不同个体或者机构的需求。新的技术也使得定制化的、高效的服务成为可能。

金融业发展的第三个特点就是灵活化。如何使金融行业更加灵活？灵活化表现为一种因金融理论、通信技术、计算机技术发展而引起的"去中心化"。这种基于互联网的新兴金融体系可能会彻底改变原有的金融体系所形成的架构和组织系统，而这种革命正在美国、欧洲发生。在中国，像阿里巴巴等公司也在试图提供一些与金融有关的服务。金融业中这种去中心化的趋势主要出现在2008年金融危机之后。目前以银行为代表的、以垂直控制为特点的金融机构恐怕已经没有办法用最高效的方式提供金融服务了，反而是那些拥有水平架构的组织能通过新的技术、新的创新为客户提供更好、更灵活的金融服务。

以比特币（Bit Coin）的数据区块链（Block Chain）为例：根据会计、金融领域1500年以来的历史经验，谁控制了账簿，谁控制了证明材料，谁就能控制信任和风险。以前，银行、保险公司等垂直系统的机构控制着这些账簿，但现在的账簿则被一系列组织机构与个人按平行结构的方式所控制。过去以银行为代表的垂直系统只会反映某个时间片断的信息，现在以比特币数据区块链为代表的平行系统则可以时时展示数据和信息发展的过程，使得信息从原来的静态图像变成了现在动态的图像。目前的问题主要在于如何让消费者享受到这种更快更有效率的金融服务，让相关的企业、个体户以及小业态也融入到这个金融体系中，用更快更有效率的方式来完成相关的交易。这种新型的金融体系十分有竞争力，会最终推动整个金融市场的发展。

关于金融监管，监管者需要更多创新的想法，并且监管创新应该有利于金融体系六大功能的发挥，而不是限制金融创新的发展，甚至扼杀创新。随着信息技术的发展，金融业会进一步向着个体化、快速化、灵活化的方向发展，这就要求监管者给予金融业更多的空间和宽松度。但是假如监管没有做到这一点，作为一个流动性极大的行业，金融业本身便会流动到监管更加灵活宽松的国家或地区。对于中国来说，如果能够创造一种更加开放、灵活的金融业发展环境，那就会有更多的企业利用在中国的资源，迅速地获得市场价格信息，迅速地交易。也只有在一个更加灵活宽松的监管环境中，中国金融业才能得到充分的发展。

人工智能时代的就业问题*

演讲者：Christopher Pissarides 2010年诺贝尔经济学奖得主、伦敦政治经济学院教授

非常感谢组织方给我这个机会，能够在这里向大家做有关新科技和劳动市场的演讲。正如你们在我的简介中所看到的，我专注于劳动力市场的研究，重点研究失业与不平等的关系，失业问题的解决，普遍的基本保障工资，英国脱欧对英国和欧洲造成的恶劣影响以及将来可能带来的一系列问题。同时，随着自动化、机器人、人工智能等新技术的涌入，我对我们经济正在发生的结构性变化也非常感兴趣。美国在许多科技工业中都处于领先地位，波士顿地区和马萨诸塞州变成了机器人研究中心，中国也在同步推进这方面的技术。事实上，在机器人科学领域，中国已经成为第二大国，英国和德国紧随其后。中国的"中国制造2025"政策就是建立在工业自动化和人工智能的机器人引进基础之上的。现在习近平主席又要把这一政策同"一带一路"结合起来。所以在接下来的20分钟，我将讨论这些因新科技进入劳动市场而带来的社会变化，不仅在中国，也包括美国、西欧、日本、韩国、经合组织

---

* 上海论坛2017开幕式主旨演讲。

国家等等的情况。

　　随着科技的发展，我们将面临更为严峻的不平等问题和长期失业问题，而政府应当对此有所预警，并采取紧急措施。首先声明，我并没有"技术恐惧症"，我认为应当鼓励技术发展，并且尽快去适应新技术，因为这样的国家才会繁荣。但在适应的同时，它也会产生很多需要解决的问题，这将是我接下来讨论的重点。可持续的经济发展必然是源于科技创新的，当然也有一些经济增长阶段没有新的技术引入。但如果我们想要持续发展，科技是必不可少的。如果中国经济继续以现在的增长率增长，就需要依靠新科技。把农村劳动力引进城市来提升经济的方法已经成为过去式，新科技才是未来。什么是新科技呢？简单来说就是发现更为节约的制作方法，从而提高竞争力，生产新商品，吸引新的顾客和新的市场。但是，新科技并非在全面地提高整个经济环境，它只对部分领域友好，有些部门获益，有些则亏损。这就是我所说的结构性转变，这就是我们在经济增长中需要好好解决的问题。

　　21世纪的新科技如电脑、人工智能等正在改变我们的经济结构，它们同以往的科技变革都不一样。在以往的变革中，对我们社会最具冲击性的莫过于电气化时代的到来，电的发明对社会生产造成了重大影响。有了电以后，我们能够设立工厂，进行大规模生产，制造耐用消费品。从19世纪末到20世纪，电力的应用摧毁了许多无技巧的工作。举个众所周知的例子，在20世纪初期，每个家庭都至少能够负担起一个帮佣，来帮忙做一些家务。在美国这些帮佣多是爱尔兰人，在欧洲则是许多进入城市的农业劳动力。清洁工、厨师、裁缝等工作被各种电器发明所取代，如吸尘器、冰箱、耐用品等等。在工业上，这种取代就更具毁灭性了，流水线的发明带来了汽车、飞机等的大规模制造，大幅减少了工作岗位。然而，计算机的使用并没有摧毁无技巧的工作，而是摧毁了一些常规的程序性工作，因为计算机正是用来编写程序，进行常规运算的。常规运算可能并不简单，需要用到很多技巧，但是它们具有程序性，能够被编入代码中。正如我所说，当电脑刚刚进入我们的视野时，它代替了很多中等工种，就是那些程序性的常规工作。比如，收银员、预约代理、图书售卖员、打字员、公司职员等。我们现在不再去旅行社，而是在网上预订机票。但是从社会角度来看，这种现象对工资分配的结构非常不利。对于底层工种来说，他们的工作不会被计算机所代替，因为计算机对他们的工作没有任何帮助，但是与此同时他们的工资也停滞不前。这一现象发生在很多西方国家，尤其是美国。底层工种并没有从过去30年的经济增长中获益，所有的利益都流向了高级工种。中等工种遭受了失业的冲击，而经纪人、决策者这类高等工种受益最大，因为计算机的运用提高了他们的工作生产率。因此，随着计算机的使用，上层工种的工资上涨，中层工资下降，而下层则保持不变。自20世纪80年代以来，由此造成的不平等不断加剧，因此就需要政府积极解决这个问题。目前来说，北欧政府的调整模型是最有效的。我清楚它们的模型无法运用在美国社会中，但对其他的国家在解决再分配和防止两极分化的问题上，仍具有一定的借鉴意义。

那么机器人和人工智能又会带来什么问题呢？从就业的角度来说，机器人代替的不是常规工作，而是需要脑力的工作。我举一个无人驾驶汽车的例子，它们不是我们平常所看到的出租车，它们是没有司机的，但却比普通出租车更为安全，因为电脑能够感知并计算出如何避免交通堵塞、如何不撞到闯红灯的小孩，这些都能由人工智能做到。因此，机器人和人工智能在取代一些技术性工作，但目前我们还无法确定哪些工作会被其取代。任何创新都会使得一部分工作陷入危机，无论是公司还是雇员都无法预见这一改变。因此，雇主最担心的事往往是他们的行业有一天会受到其他领域的冲击。比如，现在一辆普通的家用汽车有40%的成本花在计算机与人工智能上，阿里巴巴和谷歌作为领域外的竞争者进入了汽车制造行业。你可能永远无法预见，一个网络搜索引擎公司可能成为你的竞争者。在达沃斯举行的世界经济论坛上，很多CEO表达了他们公司所面临的这类危机。我认为最好的应对方法是不断去适应新情况，在员工培训和市场两方面都不断学习新的理念和方法，而不是停滞不前认为目前的市场定位能够持续两三代时间，因为这些事是在不断变化的。

这些并不是我主要想讲的东西，由于时间有限，我想把我的话题转移到机器人和人工智能这一新科技对就业的影响，以及我们应当如何应对以避免失业的问题。

毫无疑问，机器人技术将会在未来全面代替人类工作。约翰·梅纳德·凯恩斯早在1933年就写到，机器将会在劳动力市场上代替人类，并且我们需要在60年时间里每周解雇15个员工，才能避免大规模失业。一般来说，我们会雇佣有较高工作生产率的人，缩短他们的工作时间。在另一些国家，他们没有高产出的人才，就利用新技术来提高他们的生产率，从而减短工作时间，来享受生活。然而中国却不在此列，我很难找到可靠的关于中国的数据。单在经合组织的国家当中，德国和荷兰是工作时间最短的两个国家，他们的创新技术也是名列前茅。然而工作时间最长的国家是希腊，被称为最懒的国家。那是因为希腊是一个低产的国家，他们工作很长时间。而德国则有较高的生产率，因此他们工作时间短。所以每周的工作时间和你的生产率是成反比的。也就是说，在我们引进了一项新技术时，我们不需要担心失业。新科技带来的生产率的提高反而能降低我们的工作时长，我称之为工作分享，我们将会有很多兼职工作，这也是一种就业岗位的新增，这就是德国和荷兰的现状。

接下来我会谈一下新工作岗位是如何产生的。新的工作岗位主要来自无法自动化的行业，而这些行业就是你们所说的奢侈品行业。随着机器人技术这样的新科技引入，人们将变得更加富有，机器人会代替你做所有无聊的工作，而你买的机器人会替你赚钱来购买奢侈品或者奢侈服务。那么到底哪些是奢侈品呢？考虑良久以后，你可能会说健康。教育也是一项奢侈服务，你可以学到远比你需要的多的知识。

我们的社会将会变得越来越富裕也越来越老龄化。老龄化社会中，老年人无法做的事情就需要花钱去做了，这是一种产生岗位的途径。他们花很多钱在看护、房屋清洁、不动产管理等。现在的老年人是非常有钱的，因为他们没有经历过20世纪30年代的大萧条，因此面向他们的市场不断扩大。而日本的老年人市场是世界之最。你可以看到健康领域的产品，尤其是看护已经成为一种奢侈服务。随着工资的上涨，人们花在健康保健上的钱也随之上涨，在美国，这个消费近乎夸张。而目前中国在这一方面的开销是相对比较低的。现在你看日本所面临的问题，每5个20—64岁的人，就对应有4个65岁以上的人。这是非常难以解决的局面，唯一的办法就是使用新技术，提高生产率，提供适合64岁以下劳动者的工作，以此来提高人们的健康水平，使得人们的工作年限提高到65岁以上。中国由于计划生育也将会面临这类问题。事实上，唯一没有老龄化问题的国家是美国。在欧盟、中国、日本，解决这一问题的唯一办法就是机器人技术。在美国，人们花费远比其他国家多的钱在健康保健上。中国始终落后于美国。我们可以较为准确地预计，现在中国花费在健康保健上的钱约占GDP的6%，到2025年这个数字将会上升至10%。

我们再来看看护行业就业率。目前斯堪的纳维亚国家在看护行业的就业率就达到了15%到20%。在美国、英国、德国，这个数字大约是12%，但是在中国，只有

2%的劳动力在从事这一行业，土耳其是4%，韩国是6%—7%，而其在2000年时，也仅有2%。正是因为人们在这一行业的工资和花销的提升，韩国在看护行业的就业率提升到了6%。所以我认为这也会在中国发生。

这就是为什么我说政府需要做好准备，来应对这一方面的需求增长。有了机器人技术、人工智能、自动化、新科技，工业方面的生产率不断提高，需要人工劳动力的地方就越来越少。因此工业生产率提高带来的效益花费在了服务以及奢侈品上。最贵的奢侈服务是良好的照顾，包括健康、教育、孩童看护。通过研究与开发活动，北欧、荷兰、德国、美国等有很大的行业空间去雇佣15%的劳动力。新兴国家还未发展至这一步，但是也应当重视起来。政府应当鼓励创建岗位、行业自由化、市场导向性。韩国已经达到了7%，而且依旧在增长。

| 中 篇 |

治理：
新思路带来新机遇

一、务实创新与有效治理
二、全球治理新格局

全球金融危机之后的国际货币体系：机遇与挑战*

演讲者：Fabrizio Saccomanni　　意大利前经济财政部长

目前，国际货币体系已变为由市场主导。这意味着全球金融市场决定了国际流动性的创造和分配，决定了主要货币在世界上的兑换比例。全球金融市场不断改变投资组合，寻求风险回报机制的最优化。但无论是发达国家还是新兴经济体，都倾向于以统一的方式应对经济、政治局势的变化。全球化带来的另一个特征是资本流动定期移入和移出全球经济的主要区域，并导致了信用过度创造之后的急剧萎缩（繁荣与萧条）以及金融资产价格和汇率的波动。

全球范围的金融危机给以市场为主导的国际货币体系带来很大影响。全球金融危机遗留下一个低增长率和低通胀率的局面，随之而来的风险是长期性的经济停滞和通货紧缩。对全球金融体系来说，金融危机最大的一个影响体现在汇率的变动上。通过国内金融和货币政策体系的调整，以及一些机制的建设，希望可以进一步应对此类风险。而应对此类风险，必须采取扩张性的货币政策，即货币体系中的量化宽

---

* 上海论坛2015开幕式主旨演讲。

松，促进市场化的利率调整，达到接近零下限的程度。当利率接近于零下限时，量化宽松主要作用于汇率，因此国内货币政策将会有国际溢出效应，从发达国家流出的资本将会推高新兴市场经济体的货币汇率，并出现"竞争性宽松"和"货币战争"的风险。货币溢出效应、金融繁荣与萧条、货币战争已经成为国际合作论坛（IMF及G20）争论的主要问题，G7国家和新兴市场经济体对此也已经尝试过许多不同的方法。

G7国家采用的策略是保持国内金融秩序的稳定，以避免内部和外部的失衡。采取面向国内的货币政策，而不将汇率作为目标，使得资本的流动性得以保持。为了防止汇率的更多波动，采取提高透明度的措施并就政策立场进行更好的沟通。此外，还通过更有效的金融监管和宏观审慎措施，应对金融不稳定的风险。

新兴市场经济体则采取了不同的策略。各国除必须把精力放在金融政策和出台的金融改革措施上之外，还需采取一个非常强大的防御政策，来应对现有的金融体系和汇率体系所受到的外部干扰，也即外源性的政策干扰因素。而外汇市场的干预措施，必须能够有效地抑制货币贬值或升值所带来的不确定性。对资本流动的控制和宏观措施的制定、采纳，也应有助于控制资本的流入和流出，以平衡国内的银行和金融体系。同时，要积累大量的外汇储备防范资本外流的风险。

我想在此引用林肯总统演讲中的一句话来阐述下一个观点：一个由其内部原因而四分五裂的机构必然无法存续。对于国际货币体系的管理为何不够有效的问题存在着不同看法，个人认为，目前管理效率低下的原因在于以下两点：对金融发展周期的频次和强度影响不足，对贸易保护机制和金融碎片化等风险的防范不够。例如美国可能出台的一些关于汇率调控的措施，容易导致报复性的反弹和反补贴措施的出现。宏观层面的谨慎措施也被用来保护国内的银行和金融部门，但必须注意其溢出效应。而出于预防性目的的进行的官方储备的积累，也在世界经济的背景下导致了通货紧缩的倾向。

然而，到目前为止，G20并没有对各国之间不同的做法起到积极的协调作用。例如，对国际货币基金组织管理的改革和相应份额的分配并未得到实施；国家之间宏观政策的协调，尤其是经济政策的协调，并没有取得明显的进展；缺乏对宏观审慎措施和资本流动的管理政策的支持等。同时，全球金融监管方面的改革并不完善，影子银行和衍生品交易等仍然是非常棘手的问题。

由此得出的结论是：必须采取新的措施——G20必须不断加强改革的力度。个人认为，应当让G20扮演关键角色，加强在货币和汇率政策方面的国际合作，并且进一步提升在国际货币体系中国际货币基金组织的地位和作用。

在G20的领导下，各主要国家的央行以及国际货币基金组织应当建立多边协商程序。这种多边合作和协商的机制，应当包括各个国家在制定货币政策时关于金融稳定性的考虑，以及国内货币政策国际溢出效应的影响。这一机制，还将有助于寻求有效措施减少因各国货币立场变化而产生的汇率波动。

综上所述，这种协商程序将为全球金融市场提供多边指导性意见，指导将涵盖利率和汇率两方面，其目的是最大限度地减少不稳定的溢出效应和金融周期的风险。个人认为在G20的机制当中，起到关键作用的国家包括美国、日本、欧盟国家、中国和一些其他的亚洲国家。这些国家都应当加强互相之间的合作，才能够找到解决问题的有效之道，实现之前所提及的国际合作的延续。G20只有通过支持和加强其框架下运作的多边机制，才能实现其目的。例如，2009年在伦敦召开的G20，通过国际货币基金组织和金融稳定理事会阻止了全球金融体系的崩溃。此外，区域的安排也对国际金融波动有重要的影响作用，应在多边机制的基础上被整合入全球战略。

从欧洲经济危机的发生中可以得到的启示是，在机制建设方面要有更多的一体化。欧元的设立就是为了防止关键的储蓄货币可能带来的一些波动。此外，欧洲货币稳定机制，银行相互之间的合作，以及最为关键的投资方面的措施，包括对基础设施的投资等，都起到了重要作用。从亚洲经验当中可以得到的启示是，要推行更高层次的一体化。以亚洲基础投资银行的设立为例，不管在欧洲还是在亚洲、中国，都在朝着一个共同的方向走，即增强对基础设施的投资。

最后需要指出的是，欧盟和中国在G20这个背景下的合作，将对四个领域产生重要的影响，包括国际货币基金组织管理的改革，对国际货币基金组织特别提款权（SDR）货币篮子的评估，亚投行和欧洲战略投资基金的合作以及"一带一路"的建设。

北欧区域合作的发展经验及其对亚洲的启示*

演讲者：Dagfinn Høybråten　北欧部长理事会前秘书长、全球疫苗免疫联盟（GAVI）董事会前主席

我非常欣慰地发现，地区一体化，尤其是丹麦、芬兰、挪威、瑞典、冰岛等北欧国家的一体化，成为我们现在讨论的基础。虽然北欧国家和亚洲的一些大国之间差异非常明显，但在地区经济一体化和经济社会发展相关的一些经验和教训方面，有非常高的相似性。我们可以通过本次平台的讨论，做一些经验的汲取和比较。

从我个人角度出发，我非常高兴有机会来到上海。因为在大约一百多年前，我的曾祖父曾经以一个医生的身份到访过上海这个港口城市。同时，我的曾祖母在她18岁的时候，也随着她的家人来到上海。而我本人也有幸来到了当年我曾祖父在上海亲自参与建造的一所医院。我非常欣慰地看到，我的家族当年所播撒的种子，如今已经长成了一棵参天大树。我们必须通过相互了解才能够相互亲近和信任，这对于我们的合作能够结出果实并对地区产生丰硕的影响，是非常重要的。

---

* 上海论坛2016开幕式主旨演讲。

从地区角度来看，美国前任国务卿基辛格博士在 1971 年访华的时候曾经谈到，我们的到访是为了融化我们之间的坚冰。而周恩来总理的回答是，当你了解并且熟悉了中国以后，你就不会觉得中国是一个很神秘的国度。周恩来总理那个时候就意识到，当时人口 9 亿的中国对于世界来说，仍然是不为人所知的一个国度。而之后中国和世界之间，已经开展过多次交流，从互相了解到互相学习，形成了良好的友谊。

从北欧角度来看，我们开展了很多双边合作，包括在哥本哈根设立了北欧亚洲研究中心。这样的合作加大了双边的了解、交流以及合作，我也相信这些合作与交流，能够有助于我们一体化的向前推进，有助于国家与国家之间的了解与交流。

从北欧经济一体化的过程中，亚洲能借鉴些什么？北欧的一体化或者欧洲的互联互通，是基于我们地理文化的相通性，北欧社会则基于共同的价值观，包括透明、公开、平等、可持续发展以及互相尊重。北欧的历史非常悠久，北欧国家在根源上也是互联互通的，他们的价值观和世界观长期以来就处于互相合作、互相交融的过程之中。而在过去的 200 多年当中，这种合作与交融呈现出了新的发展，包括在一些其他的地区如俄罗斯地区，也有更多的人进行了互相交织和融合，使得北欧地区的发展呈现出更为多元化的发展趋势。这种发展更为复杂，路径更为曲折。但是对我们来说，这并不是一种所谓的曲线和局限，而是一种包容互信、海纳百川的精神。这使得我们北欧的价值观能够得到进一步的充实和丰富，这对于北欧各国和北欧的合作是非常重要的。

在北欧合作第一个十年当中，我们就决定打造一个无需护照就能够进入的国家联合体，也就是说北欧各个国家之间，能够自由地进入彼此的国境。现在，这样一种紧密的合作推进了经济的发展，尤其是建立起了国家和国家之间的互信。类似地，北欧地区一些国家的学生也可以自由选择在北欧任何一个国家的学校学习或深造，这进一步激发了他们的创造性。在过去的 70 年当中，可以看到我们的发展得益于市场一体化。更重要的是，我们希望能够打造一个更为平衡的经济体国家，同时能够打造一个真正意义上的北欧经济发展模式，其特点就是劳动力真正的自由，又能够更好地建立社会安全保障网络，加强公共和私营部门之间的合作，推动经济的发展。这样一种合作推动了我们社会富裕程度的提升。

不仅如此，北欧国家都以高福利、社会高度平等的"北欧模式"著称。这个情况也可被看作"社会契约"的结果，一方面市民同意了这个契约并且缴纳赋税，另一方面他们也享受免费医疗、免费教育以及各种社会福利。所有的北欧国民都能够平等地受到尊重，享受这些社会保障政策给他们带来的福利。这样进一步加强了我们社会的公民自主性和社会参与等方面的平等性，这就是所谓北欧模式的基础。北欧的这种社会组织方法能够有助于打造一个强健而具有创新意义的经济体。现在有五分之四的北欧国家在最具经济发展活力的排名中位列前十，有四个北欧国家在全球最具有创新意识的国家中位列前十，而在全球工作—生活平衡最好的国家排名当中，前十位有三个国家来自北欧。如果你来到哥本哈根机场，你会看到这样的标语："你来到了世界上幸福指数最高的国家"。这会进一步为我们带来高素质的劳动力，对于我们北欧的发展来说至关重要。这是北欧模式能够取得成功的最重要的原因之一，对于亚洲国家来说，应该有一定的借鉴意义。

随着时间的发展和社会的进步，我们也发现，北欧合作或者北欧模式的某一些核心理念受到了挑战和质疑，特别是在气候变化和社会发展等方面遇到了很多的瓶颈和问题。一方面我们要确保普遍福利和普世价值，以及我们超国界的平等进入权利；另一方面基于我们现有的税收制度和公开平等的制度，我们是否能够进一步促进经济发展，是否能够在气候变化的同时保持经济的高速增长，这对于我们是一个两难的境地。但是我们仍然保持乐观精神，过去几年专家学者一直在讨论北欧模式能否继续发展。20世纪七八十年代一轮又一轮的危机，我们一次又一次地挺了过来，我们现在知道必须要把这个模式持续下去，我们的北欧模式具有一些弹性，还要应对一些挑战。

其中一个很好的例子，是在应对经济发展和气候变化当中做出选择。当风向转换的时候，有些人受到损失，有些人造起了风车。在北欧国家中，我们造起了很多的风车，北欧在绿色能源发展方面确实已经取得了很大的进步。与此同时，北欧国家也将经济发展和碳排放的增加实现了脱钩，我们可以通过绿色能源的发展，确保经济的可持续发展。根据2015全球可持续发展企业百强榜的排名，十强当中有两强在北欧国家。我们已经注意到，绿色经济和绿色发展已经成为中国"十三五"发展规划的一部分。这就意味着在这个发展当中，我们将进一步拥抱全球治理的开放和透明。在能源和气候变化应对方面,北欧国家树立了一个很好的榜样。

其实对于北欧国家而言,应该在国际舞台上用同一个声音来表达自己的意见。只有这样,才能够使我们的影响最大化,确保我们的一些观点能够被国际社会听到,并且能够积极地促进在各个方面的国际合作。我们有能力团结在一起,在必要的时候,我们可以推动相关的一些改革。我也相信,北欧国家已经做好了准备,来应对整个北欧模式可能会遇到的挑战。我相信这个在地区合作方面的北欧经验,也许能够为亚洲国家在某些领域提供一些经验教训,特别是亚洲国家在寻找更多的互联互通和合作机会方面,我们的确有一些经验可供借鉴。我们需要寻找共同点,正视差异,并且积极推进互联互通和整合,作为创新和贸易发展的抓手。同时,相关国家在决策方面要取得共识,为新的挑战寻找共同的解决方案。在国际舞台上,通过同一个声音来扩大自己的影响,并且为世界最不发达的地区提供更多人道主义以及其他方面的支持,这些都是我们北欧国家能够为其他地区包括亚洲地区的发展所提供的一些经验和贡献。我相信我们还有很多可以提供给你们,同时也有很多东西可以从你们这儿学习。中国的文化非常注重人与人的关系、家庭的关系,并且推及整个社会的关系。作为北欧国家,我们也可以从东方的人文哲学当中学到非常多的东西。

中国和其他东亚国家非常关心教育,这在很大程度上也解释了亚洲地区的经济发展,以及为消除全球贫困现象所做的贡献。你们也有很多出色的学生以及优质的教育设施,我相信北欧国家也可以从亚洲地区学到很多的经验。经济的成功,也是公共机构和私营机构之间紧密合作的结果。通过这样一种合作,能够积极地推动绿色经济的发展,以及推动数字基础设施的建设。当然还有很多的领域,比如中国丰富的文化传承,也是值得我们学习的,我非常期待着能够进一步加强我们之间的合作。在中国的"十三五"发展规划当中,有一个关键词就是"共享",就是这样的一种"共享",影响了我的曾祖父,让他来到上海。我们都是兄弟姐妹,我们需要有这种共享和分享的精神,谢谢。

欧盟一体化与亚洲命运共同体：殊途同归，其致一也*

演讲者：Enrico Letta　意大利前总理、法国巴黎政治大学国际事务学院院长

亚洲正在迈向命运共同体，欧盟也经历过相似的阶段。欧盟的发展是成功的：虽然付出过巨大代价，现在又遇到了诸多挑战。但欧盟从6个国家发展到28个国家，其扩大的进程非常顺利。更重要的是，欧盟能够带动曾经贫穷的或者独裁的国家共同发展，现在所有欧盟成员国共有近5亿人口，国家之间不再宣战，我认为这是最大的成就之一。所以要把欧洲的经验介绍给亚洲，希望亚洲能够更好地发展。

以往欧洲边境是非常割裂的，而现在整个边境不再存在，合作才是主题。现在的欧洲在通过不断努力来实现和平发展，虽然仍有俄罗斯和乌克兰的紧张态势存在，但整体仍是趋向和平发展的。过去的一百多年里，西方国家可能是全球的中心。2015年，很多亚洲国家跃居全球最大经济体的前十位，还有更多的亚洲国家会进入到这个行列。明天的世界，我相信欧盟会参与，但是欧盟要继续发展也必须和亚洲进行更紧密的合作。

---

* 上海论坛2016开幕式主旨演讲。

年轻人拥有更大的自由空间，我们希望能够看到欧洲三百多万莘莘学子拥有更大的自由度，能够参与到其他地区的项目，能够到各个大学进行学习。同时，统一的货币促成了统一的市场。在这样的情况下，也能够更好地应对金融危机。另外，欧洲进行了很好的扶贫工作。欧盟一体化的进程使我们能够有自己的价值观。对于亚洲共同体来说，亦是如此。在和平方面，在扶贫方面，在共同繁荣方面，我们实现了更多的互联互通，对于年轻人来说会有更多的机遇，我们应该齐心协力来应对这些挑战。

挑战之一：经济危机与移民问题

对于欧盟来说，发展确实需要面对诸多的挑战，第一大挑战就是经济，包括债务危机和金融危机。第二大问题就是移民问题，其中包括地中海地区。"地中海"的意思是"生命之海"，但在过去的两三年里，地中海见到了许多死亡案例，尤其是在2013年。我当时正担任意大利总理，看到了很多悲剧，但这也只是诸多悲剧中的一幕而已。我希望地中海不要成为死亡之海，这就需要我们齐心协力解决难民问题。从"二战"以来，难民危机可能是最严重的危机之一。

挑战之二：恐怖主义和极端主义

一方面，恐怖主义和极端主义对布鲁塞尔及其他一些欧洲国家形成了严峻的挑战。另一方面，问题在于如何说服欧洲人民。欧盟的未来是一体化的，要说服欧洲人民，民族主义并不是解决方法。在过去的两年中，欧盟内部对于移民问题的态度存在很大的分歧，这说明欧洲政治的割裂依然存在。2016年6月23日，英国即将进行公投：一方是伦敦的前市长，他希望英国退出欧盟；另一方是卡梅隆，希望将英国继续留在欧盟。我们非常强烈地希望英国继续留在欧盟，因为它对于欧盟的发展和一体化是不可或缺的，所以此次英国的公投对欧盟的发展至关重要。我的结论是我们需要多边主义的发展，而且现在这个问题也在不断被探讨。

我深信，G20峰会是加强多边主义的重要途径之一。十多年前，包括中国领导人在内的各国首脑已经达成共识，希望G20能够共同解决这些问题。我认为G20远比G7更重要，G7仅仅是西方国家的集团，而西方国家已经不是世界的中心了。对于 G20 来说，我们能更好地相互倾听，我们能携手解决共同面临的问题。我希望中国作为东道主能承担更多的责任，并希望中国在 G20 中能够发挥自己的决策力以及影响力。我们要以更创新的方式来为我们的未来制定方向，共同寻找解决之道。

挑战之三：气候变化问题

现任联合国秘书长潘基文正是来自亚洲国家——韩国。2016 年 9 月将有新一轮投票产生新任秘书长，他们将会关注更多的话题，包括不可避免的气候变化议题。我觉得在这个问题上加强多边和双边合作才是不二之策。欧盟和整个亚洲命运共同体的合作是关键因素，因为涉及每一个家庭每一个子孙后代的切身利益，将会决定未来的生活方式。

所以我的结论是我们必须加强合作与团结，进一步打击与克服各国各自为政的国民主义或是狭隘的民族主义。应该进一步加强亚洲、欧洲、美洲以及全世界各大国和各大洲之间的合作，摒弃各个方面的差异与不同，让我们子孙后代的未来能够掌握在自己手上。谢谢大家！

参考 NAFTA 经验，TPP 应使中国等更多国家加入 *

受访者：Rosario Marin　美国第41任财政部司库
采访者：章　奇　复旦大学经济学院中国社会主义市场经济研究中心副教授

章奇： 感谢您今天来我们这里做客。您高度肯定了《北美自由贸易协定》自1994年签订以来所取得的成就。当然，您也提到了这一协定对于那些弱势群体还存在一些负面影响，例如墨西哥的农民、工人等。那么我的问题是：是什么造成了《北美自由贸易协定》对于这些弱势群体与墨西哥农民的不良影响，以及应该采取何种措施来帮助他们能够从贸易协定中尽可能地享受到福利并且避免全球化带来的冲击？

Rosario Marin： 在我看来，最重要的事情就是要认识到，任何协定都会存在两面性，我们只能做到确保利大于弊。但是说易行难。我记得，美国总统老布什，谈及当他读到工厂失去了380000个岗位时的感受时说：真是非常难过与痛心。但是与此同时，又有三百万个岗位产生，这是我在美国的时候真实发生在我身边的事情。而现在，类似的情况也发生在了墨西哥与加拿大的某些行业中。可见，任何一项特殊的决策都会带来一定的损失，所以问题是，我们如何在解决问题的时候尽可能地减小、减轻或者是消除这些负面影响。我们可以借鉴的方法是，确保存在执法机制，

---

*　上海论坛2016高端访谈。

以便在负面影响产生的时候,有一套完备的体系去解决这些问题。比方说,当美国向墨西哥出口大量粮食的时候,墨西哥的农民根本无法与之竞争,因为粮食已经过剩,再进口,农民更没有办法竞争,所以很多农民就失去了他们的农场。此外,还有一种方法能够提升他们的竞争力,那就是施肥,为了赢得市场,他们难免会尽可能地提前做好准备工作——施肥。这也令很多人开始对施肥造成的环境问题产生争议。这里有一些相关的探讨,其中之一便是,多年以来,墨西哥的政府一直是农民阶级的政府,当大量的外来物资涌入的时候,墨西哥政府缩减了相关补贴,这对于农民来讲无疑是雪上加霜。很快地,一些农民失去了他们的农场,失去了他们的农作物,失去了他们的一切,这真的很令人难过。对于有些农民来说,当然不是所有农民,这便是《北美自由贸易协定》所带来的负面影响。但是规定依然存在,对于我来说,挑战就是要确保这些规定会被执行,要确保建立起相关的机制,来纠正这种愈演愈烈的错误行为。然而不幸的是,有些事情并不按照我们想象的方向发展,对于这种情况,我们需要做的还有很多。

章奇: 现在美国正试图和许多环太平洋国家推动《跨太平洋伙伴关系协定》(TPP)。从您的角度来看,与现有贸易协定相比,《跨太平洋伙伴关系协定》将给美国和国际社会带来哪些附加利益呢?

Rosario Marin: 我认为受益最多的是贸易和商业。我认为贸易和商业会使我们更加强大,使我们的生活更加美好。我们对贸易的限制措施越少,我们就能获得更快的增长、更多的贸易和就业机会。但是事无完美,肯定会有一些不利之处,但我相信贸易是好事,商业是好事,与技术相结合,我能看到更高的就业率、更大的效益、更快的增长和更多的发展,这都是好事。我认为我们需要扩大贸易,而不是限制贸易。当我们环顾世界各地的历史时,我们会发现那些有所发展的国家恰恰是商贸更为发达的国家。因此我相信,扩大贸易对参与者都更为有利,但效益必须大于问题。我相信,贸易可以降低价格,使市场竞争更为激烈,并创建中小型企业。对我而言,这便是好事,尽管这只是区域性的,但我们会越来越多地在世界各地看到这样的事发生。因此,我们需要减少贸易壁垒,使越来越多的人可以从这些重要的贸易中实际受益。无论是否存在《跨太平洋伙伴关系协议》《北美自由贸易协定》，又或者其他任何协定，贸易都实实在在地进行着，因为整个世界便是一个市场，而非只是某个区域。因此，我们希望有更多伙伴加入，我认为贸易带来的效益远远超出了其带来的损失。

章奇： 您觉得《跨太平洋伙伴关系协定》会出现我们刚刚提到的NAFTA的那些问题吗？

Rosario Marin： 我相信我们已经取得了经验教训，不只是从《北美自由贸易协定》取得的。达成协定是一回事，如何实施协定又是另一回事。我们得保证贯彻法律的精神含义，确保强势群体不能耍手段。你犯错，会为错误付出应有代价，我犯错，我也会付出相应代价。我们都犯错，我们都将付出同等代价。如果我们这样做了，我们便可以规范贸易环境，每个参与方都会非常清楚游戏规则，并按照同样的规则进行游戏。如果我们按此行事，我们便没有问题。我们不希望其他国家去做我们都不想做的事情，如果贸易公平平等，则各方都有利。

章奇： 目前的《跨太平洋伙伴关系协定》不包括中国，而且很可能在可预见的未来一段时间内都不会包括中国。对这一点您怎么看？

Rosario Marin： 我不知道《跨太平洋伙伴关系协定》没有包括中国。但是我认为中国的贸易在全世界都做得很好，我相信加入协定的国家越多越好，我这样说是因为很多想加入的国家因为种种原因而没有加入。把所有的贸易壁垒都尽可能多地清除掉，这样才好。如果中国想加入，当然可以，如果韩国、秘鲁也想加入，我们都欢迎。但是我们需要把每个国家都纳入相同的规则和章程中来，让每个国家在贸易中都能平等互利。

章奇： 那么您怎么评价奥巴马执政期间中美之间的经贸关系呢？

Rosario Marin： 中美之间的经贸关系在发展，我相信很多人会说双方贸易不平衡，但是这是因为我们买的比卖的多，我们各项消费都是全世界最高的。当然，这样会产生不平衡，但是我相信有这样一个寻求同样目标的贸易伙伴是件好事。不管是美国，还是世界其他国家，大家都想要更好的食物、更好的衣服、更好的房子、更好的教育、更高的健康水平。我们想要的东西是一样的。如果我们能通过贸易从一个地方或另一个地方得到这些产品和服务，那对于大家都是好事。我们努力使世界变得更好，我们都希望世界对所有人来说都变得更好。

章奇： 美国马上会有一位新总统。从您的角度来看，如果您有机会给新总统一些建议的话，您的建议会是什么？

Rosario Marin： 我从成为美国公民开始，一辈子都是共和党人。现在，我很担心并且也很羞愧我们的总统候选人会是这位先生（特朗普）。我是共和党人，他从来都不是共和党人，可现在他要成为我们的总统候选人了。对于我们党提名了这样一位总统候选人我感到十分不安，我不会把票投给他。他侮辱了我们女人、墨西哥人、移民及作为唐氏综合征患儿的母亲的身份。他取笑记者，那个记者身有残疾，特朗普嘲笑他。特朗普侮辱了所有我珍视的事物，我关心的人。他失去了我的选票。政客都努力赢得选票，他却努力让我不要投他的票。我不希望他当选美国总统。

章奇： 在您的职业生涯中，您已做出了巨大的努力，来帮助弱势群体（生活困难的人），包括美国的少数民族。请问是什么因素促使你来帮助这些人呢？

Rosario Marin： 我在银行工作，生活优越，一直在晋升。然后，我的儿子出生了。他天生患有唐氏综合征，养育这个孩子是非常艰难的。我发起创立了一个互助团体，来帮助有类似儿童的家庭，我意识到许多这样的家庭都需要各种服务。然后我想为残疾人做点什么，这一想法变得越来越坚定，最终这一想法促使我找到州长。我们修改了一项法律，来使残疾人受益。后来，我受到邀请竞选一座城市的市长，我赢得了竞选并成为该市的市长。然后，我遇到了得克萨斯州的州长，他正在竞选美国总统，于是我便帮助他竞选总统。当他成为美国总统的时候，他邀请我出任美国财政部长。于是，我开始竞选美国参议员，当时我是第一个竞选美国参议员的拉丁美洲移民。虽然此次竞选失败了，但是后来我还是与州长施瓦辛格一起共事，作为该州的州务卿工作了五年。我还在国际理事会工作了九年，这一切仿佛就在眼前。但是，当你想起你的孩子，不管他身体残疾与否，他都是一个生命，一个人。他应该得到同样的权利，得到其他人同样的尊重。因此，我一直在争取他作为一个生命、一个人应享有的权利，我想让所有人明白，他可能不能够很好地说话，不能做很多的事情，但是，他应该享有基本的人权，可以组建家庭，能够融入社区。我认为像我的儿子埃里克这样的残疾人确实是在艰难中成长，让他们生活在我们身边，这也体现了人类的包容性和道德品质的进一步提升。

章奇： 所以您认为过去的哪种经历是您最值得骄傲的呢？

Rosario Marin： 我认为是我在美国财政部的工作经历，我能够传授金融知识。约有一千万人没有银行账号，他们从未与银行打过交道。因此，培训这些人有利于整个金融体系。对于我来说，这是一项庞大的工作。我做了很多事情，从绿化美国到为美国创建绿化建筑规范，从而帮助到那些身体有残疾的人。我认为那确实可以使他们学到东西，教会他们关于金融体系方面的知识。如果他们不是金融体系的一部分，他们将不得不花费更多钱来享受任何一种金融服务。他们需要花费更多的钱来构建信誉，然后再来买房子，买汽车。如果他们无法融入这一体系，他们将支付更高的利息。

章奇： 您曾面临的最大的挑战有哪些？

Rosario Marin： 我从我过去的经验中收获颇多。我是我们家第一个大学生，我是被选为美国参事的第一位女性、第一位移民出身的美国财长、第一位拉丁美洲裔的州务卿。很明显，第一位是很难做到的。你需要开辟道路，打开那些始终关闭着的大门。这样做很难，但是可以做到。虽然有人不想让我打开这扇门，但是我打开了。因此，我有了非凡的经历。我总是认为，很多事情是值得你花时间做的。简单廉价的事情做起来很快，那些昂贵的事情，需要你花费更多的金钱、很多个漫漫长夜和大量的工作。我不是在一夜之间成为美国财长的，为此我花费了很长的时间。但这是很值得的。

章奇： 刚才您谈到了您的努力，人们谈论更多的是关于社会流动性。在我眼中，您的经历对于那些希望通过努力向更上层社会上升的人来说是非常重要的。您是否认为今天美国社会的流动性是您晋升的一个因素呢？

Rosario Marin： 我认为，推动社会流动性的最好的工具是教育。我鼓励每一个人去接受良好的教育。正如我之前说过的那样，这不是一件容易做到的事情。我从未取得奖学金，我从未获得贷款，学费是我自己挣来的。这不容易，但是我不得不这样做。教育是伟大人物的许可证。如果你受到过良好的教育，你就跟其他人拥有了相同的机会。去上学，然后在学校努力做到最好。你不用管其他人怎样做，不论做什么，把事情做到最好，尽最大努力，富有爱心。我从不是最漂亮或最聪明的那个人，但是我肯定是最努力的那个人。如果我没有接受良好教育的话，这些机会是不会来到我身边的。我将不会成为现在的自己。

章奇： 对于大型的发展中国家比如中国来说，您能否提供一些经验教训和建议，以便这些国家中的弱势群体可以获得更多的机会，过上更好的生活？

Rosario Marin： 不论是对于中国、墨西哥还是秘鲁来说，那些接受更好教育的劳动者比那些没有接受教育的劳动者将会取得更多的成功。如果你年龄较大，或者对于那些没有接受教育的年轻人来说，他们很难适应科技进步日新月异的今天。在世界范围内，接受教育的人越多，我们获得的机会也就越多。因此，我号召每个国家让其人民尽可能多地接受教育，这对于你们来说还是任重而道远。

特朗普的外交政策仍存在变数 *

受访者：Richard Bush　布鲁金斯学会东亚政策研究中心前主任、高级研究员
采访者：吴心伯　复旦大学国际问题研究院院长、复旦发展研究院副院长

吴心伯：特朗普上任已经六个多月了，他对亚洲地区采取了怎样的外交政策？

Richard Bush：特朗普上任以来，所有事情每天都在发生变化。特朗普的所有政策都不像是真的政策，政策程序不按常规和制度走，外交政策也有一个显著的改变。他要求盟友必须做出更多贡献。美国退出了TPP（跨太平洋伙伴关系协定）。此外，特朗普在竞选总统期间将美国经济萧条的矛头指向中国，他的支持者也都认为中国在操纵汇率。他还提出上任后将对中国实行严厉制裁。然而，他在竞选期间做出的许诺上任后都没有实现。美国国务卿蒂勒森访问日本和韩国，确保这两个国家能在同盟中做出更多贡献。特朗普总统与习近平主席四月初在海湖庄园会面。2016年12月，特朗普与蔡英文通话，给中美关系带来巨大挑战，也引发了关于"一个中国"原则的问题。候任总统时的特朗普还不明白"一个中国"原则是美国从中国获利的立足点。所以后来他退一步，开始尊重"一个中国"原则，但我认为他已经制造了不必要的紧张。从候选人特朗普到总统特朗普，最重要的转变是之前他十分在意朝

---

* 上海论坛2017高端访谈。

鲜带来的威胁，但如今他认为没有必要在朝鲜半岛制造紧张局势，并明白试图解决朝鲜问题是非常危险的一步棋。特朗普的调整对四月初的海湖庄园会晤有相当大的促进作用。台湾问题没有引发冲突，而且两位国家领导人还建立了良好的个人关系。从表面看，他们在基本问题上都达成了共识，除了朝鲜问题，因为特朗普总统期望习近平主席能做更多。同时，他们在经济问题上也达成了共识，共同制订了"百日计划"。这是一个好的开始。我希望一切顺利，也希望一切能够按计划执行。国家、地区间展开合作的理由有很多，但现在仍然处在不确定的状态。

吴心伯：现在来谈谈特朗普的对中政策吧。特朗普并没有通过提高关税、减少中国商品进口量向中国发起贸易战，同时与中国的谈判也取得了进展。"百日计划"表明两国领导人希望能进一步解决问题。这样的举措能否缓和整个商界的紧张气氛，又能否消解对中美出口贸易战争的忧虑呢？

Richard Bush：我认为包括商界在内的观察员不太担心危机会马上发生。他们明白即使特朗普口头上威胁要将关税提高至45%，实际上并不会这么做。这只是情感宣泄，而非实际计划。然而，相当多的观察员和商界人士还是觉得特朗普并不了解国际经济的本质，认为他似乎偏爱本国生产这种模式。但事实上，所有国家都是相互关联的。第二点，特朗普和他的一些顾问好像并没有认识到，美国双边贸易逆差的根本原因在于我们储蓄太少，而例如中国这样的国家储蓄太多，所以我们得通过进口中国制造的商品来进口中国的储蓄。但开展"百日计划"对扭转贸易逆差没有任何帮助。如果特朗普总统的税收政策不起作用，贸易逆差会继续扩大。因为如果我们仍然像现在这样储蓄甚少，中国就会出口更多商品。所以这很复杂，我希望相关工作人员能明白这些事实。我能预见最坏的局面是特朗普总统根据海湖庄园会晤和自己对经济贸易的看法来制定期望值。如果中国不能满足他的期望，他可能会再次与中国反目。

吴心伯：最近美国海军进入南中国海执行巡航任务。这是特朗普上任以来第四次巡航了。您对该事件怎么看？

Richard Bush： 我不清楚这背后的决策。但我猜想其中一个原因是美国国防部本来是建议恢复巡航的，但出于某些原因，这条建议未被采纳。这对特朗普政府来说是有点难堪的。因此为解除尴尬，他们还是进行了巡航。南海问题目前并不像两年前那样紧张。原因之一是菲律宾领导人更换，中国因此相信南海问题可以通过外交手段解决，而不必采取高压手段。这是很好的一点，因为这意味着特朗普政府少了一个顾虑。

吴心伯： 那这次行动是不是也反映出美国军方担忧特朗普可能会忽视南海问题，因为之前奥巴马政府一直都很重视南海问题的。

Richard Bush： 我不太清楚，但肯定观点有分歧。我觉得这个问题的关键人物是雷克斯·蒂勒森。

吴心伯： 那我们再来谈谈朝鲜半岛问题吧。特朗普政府开始审视朝鲜核问题，相比奥巴马，他采取了更积极的应对方式。特朗普对今后的方向有清晰的计划吗？

Richard Bush： 这个问题有好几个答案。首先，奥巴马总统可能在先前提醒过唐纳德·特朗普要注意朝鲜问题。新政府过度担心了，我觉得特朗普政府对于朝鲜有点反应过度。朝核试验每年都做。对于朝鲜领导人来说，核武器是他们维护国土安全的唯一保障。事实上，中国、韩国和美国能够使朝鲜放弃拥有核武器这一目标的可能性越来越小。因此，我认为专家学者和政策制定部门需要着眼的是我们追求了20年都没能实现的目标。因为朝鲜想要的和我们大部分国家想要的不一样，但我们必须考虑到当朝鲜拥有核武器后我们能做什么。我希望我们能携手合作，如果我们分头各自解决问题的话，结局很可能不会好。

吴心伯： 我也赞同您对于平壤不会停止核试验的预测。所以问题在于如何确保平壤政权的稳固，以及，从另一方面来说，朝鲜正在不断增强其核能力和核知识，如果其他国家的目标也在于此，那么大家需要重新制定政策了。美国已经就朝核问题达成共识了吗？还是说很多人虽然公开表示赞同但私下不能接受？

Richard Bush：我认为是后者，我觉得主流思想还是认为该目标是难以实现的。朝鲜和我们的观点不一样。这是我们面临的现实。

吴心伯：对特朗普政府来说，比达成观点一致更实际的目标是实现中期目标。特朗普政府人员对于这个中期安排是怎么看的呢？

Richard Bush：这里有一个问题，事实上没那么多人在考虑这个问题。特朗普是在外交手段可行的情况下作出此番发言的。2012 年 2 月，我们认为我们已经达到了你所说的一致，但我觉得现在我们必须开始严肃考虑备选方案了。

吴心伯：最后一个问题是有关中国台湾的。您觉得特朗普有可能会在中国台湾问题上有什么突发动作吗？

Richard Bush：特朗普总统似乎表示，至少目前，他在台湾问题上有任何行动都会先致电习近平主席。这是他在公开访谈中的发言，我认为这只是他在表达他知道中国密切关注台湾问题。我觉得他现在明白我们要维持中美关系和美对台政策之间的平衡。可能他接下来会有新的动作，拉近我们和中国台湾的关系，我希望他能够低调一些。我不排除这样的可能性：在未来的某一天，特朗普总统在对中国感到失望之后，再一次把中国台湾当作与中国谈判的筹码。我相当肯定台湾当局没有人会愿意被美国用来当作谈判的筹码，我更肯定台湾问题会演变成与从前一样的结果。

吴心伯：这是您第四次参加上海论坛了，能不能请您发表一下您对论坛的看法。

Richard Bush： 首先，我很荣幸受邀参加。论坛话题涵盖内容广泛，应邀参加会议的嘉宾从世界各地来到这里，交流对热点问题的看法。其次，论坛水准之高，组织之有序都令我印象深刻。我知道要成功举办如此大规模的活动是非常难的，只有复旦大学这样的组织才能够毫无差错地完成此项重任。会议的成功举办充分说明了复旦大学的实力。

团结一致、全球协作应对气候变化*

受访者：Frans Berkhout　2007年诺贝尔和平奖接受者之一，伦敦国王学院社会
　　　　科学与公共政策学院常务院长
采访者：陈诗一　复旦大学经济学院教授

陈诗一：再次恭喜您因为对 IPCC（联合国政府间气候变化专门委员会）报告的贡献而获得 2007 年诺贝尔和平奖。所以您目前是 IPCC 裁决中心 AR4 的主要作者之一，并且担任第二工作小组报告中的第七章节的主要撰写人。您能否为我们简要介绍下这一章？并且您在目前审核通过的 AR5 报告和即将发表的 AR6 报告中又扮演着怎样的角色？

Frans Berkhout：我的研究兴趣在于气候变化（例如气候变暖）的影响，如地球某些区域变得更干燥、暴风雨更频繁，或者海平面上升、两极冰川融化等问题。现实中出现的这些问题甚至有时超乎我们的想象，而这些情况正在影响农业部门、人类居住区以及各类产业。比如说，我们的很多森林工业，只有木材供应充足才能够保持稳定的增长。所以我在 IPCC AR4 中负责的章节主要是关于气候变化对居住区以及产业的影响，以及城市是否应该去适应气候变化，和应该如何去适应。在 AR5 中，我研究的是一个更加宽泛的问题，是关于环境变化导致我们不断适应的这种行

---

* 上海论坛2016高端访谈。

为是否已经成了瘾,并且我们适应或限制气候变化的能力是否有存在约束和极限。所以说,对于有些气候变化的影响,也许我们个人、家庭、区域乃至整个世界都无法解决。我们该如何判断这些变化的到来,这些变化又会带来什么具体影响,可以说以上部分都是我的兴趣所在。

陈诗一: 为什么您和这篇 IPCC 报告能获得诺贝尔和平奖的荣誉呢? IPCC 报告向我们传递了三条明确信息:一是气候的变化一定程度上归因于人类活动;二是如果我们继续地更多地干扰气候,我们将会遭受到严重的大规模的影响;三是人们应该合作起来限制气候改变,并且建设一个可持续发展的未来。那么您能否更加深入地为我们解释这三条信息呢?

Frans Berkhout: 我想首先我们可以测量出温度在上升,不仅是地表温度,也包括大气温度。当然了,我们都知道海洋变暖所能带来何种严重的后果。这个现象造成了诸多影响,但关键问题是这个现象是由于自然变化,比如太阳活动变化,还是由于自然进程、自然循环导致的呢?在过去四十年间,通过科学领域的建模、观察、预测,尝试将不同类别的气候影响进行分类,科学界已经达成广泛的共识。也就是说,我们观测到的温度变化其实是人类因素所驱使的,比如向大气层释放废气,任意更改土地用途等。我认为这是一个非常基本的结论,几乎没有人还在质疑这一点。因此如果我们继续增加大气排放,全球气候就会持续变暖,然后就使得整个气候系统都遭受气温上升的影响。我认为这就是主要结果。然而,尽管这些后果非常严重,但如果我们能够携手合作,我们便可以改变未来。这些就是我的主要结论。

陈诗一: 众所周知,您为 IPCC 报告的好几章都提供了建议,包括 AR4、AR5 以及许多参考信息的章节。很多您的理念都刊登在了研究期刊上,例如《自然气候变化》《全球环境变化》等。您的许多著作都提到了同一个关键词,就是"适应"。您能介绍"适应"在应对气候变化领域的应用么?

Frans Berkhout: 我给你举个非常简单的例子,如果海平面上升,想象一下,如果是在上海，我并不是很担心。因为尽管出现一些小型洪水，但我们基本可以应对。但到了某个阶段，如果出现了大洪水，或者预测大洪水即将出现，这时我们就要调整城市设施。比如，我们会加高港口、修筑堤坝，如果真的很令人担心，我们可以在东部沿海修筑河堤，来保护海岸线。目前所有上述干预措施在技术上都是可行的，所以问题就变成了在于经济上是否可行、上海市民又是否愿意生活在有河堤的城市等。这个是技术应用领域非常简单的例子。而气候影响不仅局限于此，还涉及很多其他的影响，比如导致干旱和影响降水量。其中一个发生在上海的，也是发生在欧洲西北部的现象就是，年度降水量相比过去三十年里已经上升了20%—25%。更重要的是，降水中很大的比例发生在降雨密度较大的冬季，结果造成洪水事故越来越多，因为我们的基础设施无法承受那么大的密集雨量。所以我们可以看到英国在冬季的洪水要比二十年前多得多，每个冬季似乎都会洪水频发，造成重大经济损失。不过，对这些现象我们也是可以采取适应措施的，我们可以建造更大的排水管，可以建造蓄水库，或者采取其他措施。但我认为问题在于，即便我们在适应，这些事情依然在发生。以英国为例，这也是一个典型的积极案例，在我居住的英国南部，葡萄酒行业蓬勃发展——随着气候变暖，可以种植出更好的葡萄，这也是过去十年间英国葡萄酒蓬勃发展的原因。这当然是一件好事，并且，作为世界上最好的香槟酒制造国之一的英国，因为全球变暖，也经历同样的情况。所以全球变暖既有消极影响，也有积极影响，并一定程度上抵消气候变化的恶劣影响。

陈诗一： 您是否知道中国气候专家秦大河？他是为 IPCC 报告第一工作小组的主要负责人，也参加了诺贝尔和平奖的颁奖典礼。请问您是如何看待中国科学家在编制 IPCC 报告中发挥的作用？

Frans Berkhout： 是的，秦大河是 IPCC 的重要成员，也有许多中国专家专门从事于第一组，致力于深入了解气候系统的科学基础。并且，在第二组的其他章节的撰写过程中也有很多中国科学家的参与，尤其是那些研究适应行为的影响的，主要关注农业和森林工业的章节。我自己负责的章节团队中也有中国成员。所以说，中国学者在 IPCC 中积极地发挥着作用，并且，他们是 IPCC 的重要组成部分，因为我们正在尝试编制发生在世界各地的气候情况的评估报告,该报告将融合全球范围内正在广泛应用的所有科学原理,因为这样才能让不同国家的政治家都信服。所以说,让不同国家的科学家参与到这个项目是非常重要的,因此我们也有很多来自中国大学的卓越研究员,非常荣幸有他们的加入。

陈诗一: 气候变化领域最近的里程碑是法国联合国气候大会所签署的《巴黎气候变化协议》。超过135个成员国在联合国总部签署该气候协议,可以说,这是减排的第一步,也是非常好的一步。您怎么评论中国政府在巴黎会议成功召开方面所扮演的角色呢?

Frans Berkhout: 事实上讲,我认为《巴黎协定》并不是第一步。因为在大概二十五年以前,我们于1992年签署过联合国框架条例,我们也有1993年的里约热内卢条例,堪称是管理气体排放的第一次尝试。在某种程度上,这个尝试失败了,但是对于治理欧洲气体排放是成功的实践,并且对整个欧洲造成了很大影响。我认为中国政府在巴黎协议中也发挥着重要的作用,因为中国政府总是能够鼓舞其他国家,最终,就连印度这样的大国,以及其他之前未打算做出减排承诺的国家都加入了巴黎协议,考虑未来的减排事宜。中国政府做出的减排承诺本身就很重要,因为中国长期以来都是世界上排放量最高的国家,所以从总量上来说,只要中国的排放能够被控制、降低,那么将对达成气候管理目标大有裨益。总而言之,中国本身做出的承诺很重要,同时中国鼓励其他国家加入也非常重要。

陈诗一: 巴黎会议中,中国政府正式承诺2030年的排放量就会成为今后排放的峰值了。我认为这不是一个容易达成的目标,中国政府在完成这个任务时面临着怎样的挑战?您能否给我们一些建议呢?

Frans Berkhout: 对于中国以及世界其他区域,比如欧洲和美国,关键在于三个领域:一是发电,二是交通,三是环境建造。当然了,工业也非常重要,但中国目前的工业实质上已经在不断改进了。所以,我认为对于欧洲以及中国来说,关键可能在于电力领域。中国的发电目前很大程度上依赖于煤炭,这也是中国二氧化碳排放的主要根源。我认为中国政府应该解决发电领域问题,这意味着停止建造新的煤电厂,转用核能源,或者将大笔的投资转移到可再生能源领域,比如太阳能、风能等。并且,随着天然气的流行和能源转变的浪潮,他们应该尽可能多地关闭煤炭发电站。在欧洲,发电领域的改造是非常关键的,尽管也许我们还需要几十年的时间,但降低发电领域的二氧化碳排放也许是达成节能减排目标的最简单的方法了。尽管交通和环境建造也很重要,但发电领域改造还是最基本的。

陈诗一： 我非常同意您的观点。总的来讲,全球气候变化不仅仅是由于一个国家造成的,其他国家也有排放导致的空气污染问题,他们也参加了以"空气污染的管理者和中国经济转型"为议题的圆桌会议。您怎么评论空气污染对气候变化的影响,尤其是关于公共健康和全球经济增长的方面?

Frans Berkhout： 这里面关系非常复杂,燃煤发电站不仅排放二氧化碳,还排放炭黑和硫化物。硫化物会影响城市中的空气质量,但大气高层中的硫化物可以反射太阳光,从而带来降低大气温度的效果。所以硫化物担任着一种微妙的双重角色,既可以降低大气温度,又可以导致低层大气升温。很明显,二氧化硫这类的微粒物质会对低大气层造成严重的健康影响,如今中国的城市正经历这种情况,这与多年前的欧洲城市类似,例如发生在20世纪50年代的伦敦烟雾现象。处理该问题的唯一方法就是关闭城市中的燃煤发电站,将之移到远离城市的地方,这也是中国目前正在实施的方法。所以我认为取消燃煤发电站的新开发项目不仅能够降低碳排放和缓解全球气候变化,也能带来更直接的健康效益。中国城市中的空气污染影响十几亿人的生活,造成疾病和早逝。所以,在考虑如何应对煤和煤电的问题时,我们也应该将这些可以量化的后果、对社会和经济发展产生的影响加入考量范围。

陈诗一： 我认为许多为降低空气污染采取的措施,都是以经济增速放缓为代价的。那么,在中国经济的"新常态"阶段,您对中国政府降低空气污染，但同时有效维持稳定的经济增长方面有何建议呢？

Frans Berkhout： 我认为这个问题一定程度上受到不同种类能源相对价格的影响。目前世界上许多国家产生了使用天然气的趋势，因为天然气是清洁能源，并且价格也几乎与煤炭一样。从长期来看，中国可使用的可再生能源有很多，并且他们的竞争力也在不断提升，就像美国大部分地区发生过的现象一样。但中国大部分区域可再生能源电力相比化石燃料的电力更具价格优势，特别是如果将环境和健康的外部性因素以及煤炭的价格考虑进去，那么这些能源在价格方面就变得具有绝对竞争力了。所以我认为，如果中国从经济角度进行合理的考量，那么就没必要权衡，因为权衡是我们看待价格价值问题和可选择问题时的角度。

陈诗一： 我的研究领域之一也是经济可持续发展。2014年10月，我曾参加了由哥本哈根大学举办的探讨可持续性科学的会议，并且针对环境和中国可持续发展问题进行了演讲。所以说，可持续性是IPCC报告的一个关键议题。您能否解释可持续发展的重要性及其与气候变化和空气污染之间的关系？

Frans Berkhout： 我认为，这个观点已经很明显了。我们当然不可能将工业或城市的环境表现与所在国的社会福利问题分隔开，要想拥有成功、繁荣、可持续发展的社会，我们需要培养出受教育良好的、有高水平经济福利的、生活压力较小的公民，这些都是我们在做选择时需要考量的重要因素。我们还需要在达成绿色增长目标时，同步实现以上这些目标，比如保持空气洁净等。在尝试过程中，我们不可能仅仅针对一个目标，我们必须想办法同时提升各个目标，这很复杂，这就涉及了得与失的权衡，并且不同人看法也很难达成一致。但关键点是，我们需要把这种变化的理念加入到拯救气候和适应气候改变的计划中去。我们的很多决定也都与城市规划、生活方式、经济发展规划等进行了深入融合，这些问题都应该被放在一起思考和解决。

陈诗一： 2013年，荷兰的科学研究组织邀请了很多中国专家到阿姆斯特丹参加会议。作为中国国家自然科学基金的代表人，我也很荣幸地被邀请了。我们与来自荷兰、德国和英国的专家一同讨论欧洲国家为发展绿色经济所进行的跨国联合研究项目。研讨会结束后，组织者把我们领到当地的街区，并向我们展示了当地不断向智能社会发展的意图和目标。您能给我们提供一些关于应对气候变化和发展绿色经济的经验吗？

Frans Berkhout： 正如我之前所说，荷兰气候变化的主要问题是海平面上升和洪水，这些基本的问题都是和水有关，他们管理河流和水源的方法也随着我们对气候变化的预期而改变。荷兰是一个有些奇怪的案例，因为它是一个极大的能源供应商，拥有或者说是曾经拥有大量的天然气储备，但它现在在不断衰落。所以，尽管他的政府在处理国际层面的气候变化问题方面非常积极，他们还是经常发现自己在气候谈判中充当一个非常别扭的角色。事实上，从国内的情况来看，荷兰并不能称为发展可再生能源的领导者，虽然这一点在改变，但是他与德国、英国和丹麦相比，进步的速度还是慢很多。另一方面，在过去几年中，荷兰人在车辆的电机制造业中也进行了重金投入，现在他们的电机制造业，包括电力交通工具、电力汽车，甚至是相关激励机制和公共设施的建设方面，都已经达到了世界领先水平。所以，我认为整体上荷兰的情况为我们描述了这样一幅图景：在某些方面，荷兰的发展是遥遥领先的；但是在另一些方面，荷兰的发展还十分缓慢。事实上，也许很多国家的情况都是这样，也许一些国家仅仅能在某一个领域做得出色。那么，这又回到我们之前说到的观点上，不同的国家的反应和他们对于自身能否适应气候变化的担忧都会是非常具体的，都是需要具体情况具体分析的，因为毕竟每个国家面对气候变化都需要构建适合自身的解决方法。

陈诗一： 欧洲研究项目为我们描绘了一种跨国合作的场景。并且，在被誉为国际合作平台的未来地球项目中，您也曾经担任总指导一职。我想问的是，不同科学家之间的、不同组织基金之间的、不同学科之间的科技研究合作是否已经在当下或将要在未来成为一种主流趋势？在研究全球气候改变和环境可持续发展方面，合作又起着什么样的重要作用？

Frans Berkhout： 我认为科学研究的国际化已经发展了很多年。在自然科学领域，例如物理领域，许多科学研究和合作已经很好地融为了一体。我认为发生在社会科学领域的合作也会越来越重要。并且，事实证明，我们还需要做得更多，这也是为什么我认为上海论坛的存在非常重要，通过这个平台，让我们能真正地通过努力去实践研究、去改变现实。这是一个非常复杂的事情，让来自不同国家、不同学科领域的科学家合作，让他们运用全新的研究科学的方式合作，让他们与商业领域甚至与社会公民合作。由此，政府在这件事情上的大力支持就变得非常重要，尽管这类活动的成本不高，但是构建这些国际合作平台，并且让人们可以在平台上构建对话、不断地互相学习，都是非常关键的。所以我确实认为这是一种趋势，而且我们也需要投入更多努力。也许，政府和私营企业都应该更加慷慨地资助这个项目。

| 下 篇 |

安全：
变动世界中的中国角色

一、变动的世界
二、合作的世界
三、走向世界的中国

特朗普之策：如何适应变动中的东亚 *

演讲者：Richard Bush 布鲁金斯学会东亚政策研究中心前主任、高级研究员

坦率地说，我生活在一个后现代地狱，也就是华盛顿特区。在那里，大家对特朗普的情况有各种各样的说法，并试图解构特朗普的行为。我非常高兴能够参与这样的一次国际论坛，和来自世界各地的学者聚集在一起，讨论对世界未来有深远影响的一系列事项。

我今天要阐述的主题是当下特朗普对于亚洲政策的矛盾之处。他确实体现了美国如何利用其战后对世界和东亚的战略，并根据新情况进行的调整。我认为特朗普政府可能是美国现代历史中最奇怪的政权，但现在要说特朗普的亚洲政策是什么仍然太早，更不要说这些政策会产生什么影响。

当我们谈到世界政策的时候，一定会想到一项政策中包含的以下元素：一系列基本原则，基本利益和价值，基本目标、战略、策略，还有执行的方法、绩效表现、考核，这些因素会在某些角度相互联系。毫无疑问，没有任何一届美国政府能够在

---

* 上海论坛2017闭幕式主旨演讲。

所有方面达到成功,但他们都尝试去做了。特朗普在总统竞选期间对于对外政策的看法非常不同,他冲动却缺乏一致性,他表达了退出 TPP 的愿望,却从来不对背景、后果以及执行 TPP 的困难进行讨论。他全然无视事实和专家知识,一心提高人们的期望,并煽动恐惧。

我的一位朋友对过去三十多年来特朗普的观点进行研究,所得出的结论是,特朗普既是一个重商主义者,又是一个孤立主义者。其实"二战"以后,美国总统都相信美国需要自由贸易,同时应积极参与世界事务。特朗普其实持杰弗逊主义思想,但今天我们没有时间详细阐述。杰弗逊的主要观点是,精英是糟糕的,精英必须受到挑战、必须被消灭。

下面我们谈一谈特朗普政策流程的内容和元素。我们知道在"二战"之后,美国已经建立起大部分政策制定的流程,以确保在政策制定的过程当中,相关政府机构能够共同制定相关政策并有效执行。政策制定的基础就是各个机构的经验、知识和责任,我们有适当的机制来确保在政策制定过程当中,不同的机构必须要进行互动和合作。我们不能说这样产生的结果一定会是好的,总体来说,虽然好的流程并不一定会保证好的结果,但是一个糟糕的流程几乎一定会产生糟糕的结果。之所以要建立这样的政策制定流程,主要就是为了控制总统本人的行动。"二战"期间,罗斯福总统办公室曾主导过一个非常混乱的政策流程,当时的国家安全领导者并不希望这样的流程继续实行下去。如今,特朗普总统非常不愿意受到各个政府部门的限制,从某种角度来说,已有的机制已经被破坏掉。在制定某些政策时我们会应用这套机制,其他情况下却不予采用,所以现在我们无法得知每件具体的事项是否应用了该机制。当政府绕过机制行动时,政策内容一定会受到影响,更为严重的是一直较为稳定、变化缓慢的美国国家利益也会被忽视,甚至被破坏。

如果你只根据美国总统或其他机构的口头表达来判断美国政策,结果不一定准确,因为机制没有在其中起到作用。我们知道特朗普持孤立主义和重商主义,他对美国的看法可能和"二战"后美国的安全战略完全不一致。美国的安全政策是在欧亚大陆两端均部署自己的军事力量,同时积极推动世界范围内和亚太地区的经济关系架构,鼓励良好的治理,我称其为"综合前沿军事力量部署"。前沿部署军事力量可以保证美国在需要的时候进行战争,同时也向我们的敌人和盟友给出明显的信号,就像警察一样，美国力量在东亚地区的存在的确为其带来了相对区域稳定，当然越南战争是一个例外。

在美国政策背后还存在着很多经济、政治和文化因素，但前沿军事部署是关键。不论特朗普如何认为，美国领导人相信，帮助我们的朋友获得安全的环境也是保证我们自己国家的安全。不论特朗普如何认为，建立这样一个全球和地区性的经济架构也有非常重要的战略意义，能够帮助我们的友好国家实现繁荣和富强，增加整个集团的竞争力。其实美国领导的安全架构并不是完全静止的，也会出现巨大的变化，比如尼克松和吉米·卡特在20世纪70年代开始和中国接触，使中国走出孤立状态。这其实要求美国加强自己的基础战略，促进整片区域内包括中国在内的国家实现更多接触，加快经济发展，并在某些情况下加快向民主的转变。1991年苏联解体改变了整个亚洲的安全环境，一些美国的安全盟友更紧密地团结在美国的周围。

从这个历史角度来说，奥巴马的"亚洲再平衡"战略其实并不是新的策略，而是老策略在中国正在崛起成为一股非常强大的力量这样一个新环境下重新调整的结果。但是这绝对不是一个遏制政策。我想说特朗普带入白宫的政策是很不一样的，他公开质疑美国的盟友以及全球经济贸易的体系，并认为无论在安全事务还是贸易方面，美国都遭受着不公正的待遇。我个人认为他对于美国在军事联盟和经济领域所遭受不平等的指责，暴露了其对过往安全政策细节的无知。同时，特朗普可能高估了中国对于平壤的影响力。我们都知道他在当选后不久时提到过，"一中政策"不是中美关系的基石，可以对其进行谈判。

现在让我们看看2017年1月20日之后究竟发生了什么？特朗普上任之后很快就做出了一些改变。首先是一些高级官员重申了对日本和韩国的防卫承诺，这种防务成本主要由北约承担，而不针对韩日。其次，美国重申了对于日本的安保政策，安倍晋三也是特朗普上任之后会见的第一位外国元首。同时特朗普认为，美国在亚洲的盟友是一项重要基石。特朗普也开始接触中国，向习近平主席表示美国会尊重一个中国政策，但与此同时，他又重申了对中国台湾的长期政策。最终，特朗普和习近平主席在峰会上的谈话奠定了中美关系的基调。截至目前我们听到的都是各种各样的说法，但说法可以改变，所以我们不知道这些初步举措会对长期政策产生怎样的影响。但是有一点可以确定，就是在我看来，特朗普可能不太喜欢多边贸易架构，特别是 TPP 的架构。其实在我看来 TPP 对于美国来说是非常有好处的，美国退出 TPP 确实会让我们的亚洲盟友对战略关系产生疑问。特朗普政府可能更为关心对现有贸易政策和贸易协定的执行，短期来说，特朗普经济团队内部也会出现相互矛盾的政策。我们都认为在美国与各个国家的经济关系当中，合适的双边经济关系应该为双方均带来好处。如果美中之间的贸易是不对称的，两国可能需要进行政策调整，以确保双赢的结果。但特朗普政府对于国际关系的想法可能有一些缺陷，他似乎不太理解，其实所有标签为"中国制造"的产品，其价值都留在创造产品的中国。而且很多美国进口产品在中国或其他亚洲国家的增值其实非常高，所以美国的贸易数据有很大的误导性。

在我看来，政府公开的贸易逆差不应该成为我们制定贸易政策的基础。在我看来特朗普根本没有搞清楚美国经济出现问题的原因，所以我不明白为什么美国业界对于特朗普的贸易政策没有提出任何质疑。特朗普对于世界经济的不甚了解并不意味着美中经济关系在利益上就一定是不对称的。双方可能需要对政策的许多方面进行相应调整，我们日志里的"100 日计划"就是一个好的开端，但它能否为两国带来长期的利益仍是个问题。

朝鲜可能对中美及东亚其他国家之间的关系造成一定的影响，短期来看，特朗普可能更多地根据常识来制定政策。据报道，上一次峰会时习近平曾有机会向特朗普解释中国和朝鲜之间的复杂关系。这是件好事，沟通还是需要的，这里我就先跳过。就朝鲜而言，我们不应忽视平壤政策的危险性，朝鲜若有能力将核弹打到美国本土之上，就一定会对本地区现状造成极大影响。华盛顿将会为首尔和东京提供安全上的保障，包括中国在内的所有参与者都应该承担起责任以解决这样的问题，至少是出现问题的可能性。我认为美国政府对平壤发出的一些警告的确有些反应过度，现在情况有所缓和。美国会更为谨慎地行动，但是关键问题在于朝鲜坚持获得核武器的意愿非常危险，尽管大家都在努力通过协商的方式解决这一问题，但朝鲜不愿做出改变。

到现在为止我得出两条结论。第一是在特朗普政府中，政策制定的过程和政策内容本身是一样重要的，因为好的政策制定流程才能确保好的政策内容，而不是相反。政府制度化机构的政策制定方式，和特朗普特立独行的直率风格之间的紧张关系仍会长期存在。第二是特朗普政府的亚洲政策显然还是会回到前一届政府的标准做法，也就是"综合前沿军事力量部署"。这一政策是为了我们自己的国家利益，也是为了整片区域中所有国家的和平稳定，当然也包括中国。我们的目标并不是遏制中国，而是为地区和平稳定不断地调整方向。我不能够保证我们将来能够取得和之前一样的成功，但特朗普在竞选的时候谈到，我们将会向减少不稳定因素的方向努力，我们希望他能够说到做到。

最后我想提一个更加宏观的问题，它不一定和亚洲直接相关，但是很有可能对亚洲产生深远影响。我认为美国的"综合前沿军事力量部署"可以实现，因为美国在"二战"中形成了国家力量的强大支柱，并且持续了至少二十年。这些支柱来源于过去半个世纪的技术进步和政治改革，主要包括：一个具有高度生产力的强劲经济体，最终这样的经济体会被第二个因素支持，也就是一个公开、平等的财政货币政策，第三是运作灵活的行政体系，以调节资本主义经济体，同时还有能够调动人力资源的教育系统、国家资助的基础设施建设及其维持，当然还包括法治建设、社会福利制度建设、科学制度和生产能力建设，以及对财富和政治之间关系的制度制约。

我认为美国在过去的30—40年中，任由许多国家力量的支柱不断衰退。对于这样的一种衰退，我们可以从很多不同的方面加以解释，但最重要的原因是美国许多保守势力正在掀起一场针对累进税制的战争，对于他们来说减税比保持美国的竞争力更为重要。这些力量已经占据政治体系中的许多部门，所以从某种程度来讲，特朗普只是一场更为大型的战争的征兆。这些力量的重组和角逐夺去了政府的资源，使政府无力保证国家实力不会衰落。

在我看来，美国在东亚地区的角色重要性会下降，不是由于资源的匮乏，而是由于意愿的缺失，或者更糟糕的，是由于自己造成的创伤。我希望我是错的，我希望我刚才做出的判断都是错的，尤其是对于东亚的判断和对于美国未来发展的判断。但是我不能够否认这些事情成真的可能性，大家也只能去适应它。

剧变中的亚洲：回首过去、立足当前、放眼未来，将中国、亚洲和世界打造得更加稳定 *

演讲者：Rana Mitter　牛津大学中国中心主任

我想跟大家稍微介绍一下今天讨论主题的背景，就是如何将过去、现在和将来融合到一起，为亚洲乃至世界塑造一个更加稳定的中国和亚洲。我这里特别要讲讲对于历史的解读。文化力量、经济力量，甚至是军事力量都有助于塑造国家和地区的自我认同意识，此外还有两种历史叙事，都跟中国有关系，但不仅限于中国。

一个我想说的是关于"一带一路"，这个倡议提出以后大家对此已非常熟悉了。此外还有我们的近现代历史，特别是"二战"中亚洲战场上中国抵抗日本侵略的那段历史。我可以给你们举几个例子。

首先我想谈谈作为"一带一路"倡议政策支撑的新丝绸之路和海上丝绸之路。"一带一路"倡议为中国以及沿线所有相关国家创造了外交和贸易的新机遇。但我认为需要看到的是，这一倡议也唤醒了人们对欧亚大陆的关注。很久以来，大家的目

---

* 上海论坛2017闭幕式主旨演讲。

光都集中在亚太地区。但与此同时，我们必须要认识到，我们也需要把更多的经济、贸易重心放在中亚和南亚地区。

唐朝丝绸之路刚刚被建立起来时，中国政府有一些愿景，向西部拓展的现实也已经通过丝绸之路得到强化和巩固。当时的首都长安成为了很多来自中亚、南亚、欧洲、中东地区的贵族、商人聚集之地，我们看到的是一副不同于闭关自守、故步自封的盛世景象。

中国思想极其深刻地影响了东亚和东南亚，包括韩国和越南。非常重要的是，直到19世纪，所谓的中国文化圈或者汉文化圈一直是一种混合型的文化圈，混合杂糅了许多国家和许多来源的文化，包括儒、道、释。它们可能来自印度，可能来自其他民族国家，或者是来自其他的少数民族，来自不同朝代、不同类型的组织之间的互动。中国文化一直是多元化的，从来都没有单一的精确的定义。我觉得中国应该叙述中国故事。有很多人一直在反对或者是在争论：到底有没有一个中国故事？我觉得没有统一的中国故事，我们讲的就是以中国为主，混杂了许多因素的综合故事。同时我觉得印度当时的活动最生动地体现了中国如何更好地与周边的一些非欧洲统治的区域进行互动。印度当初就在亚洲现代性方面处于前列，你可以看一下印度的民间艺术表现形式，不管是音乐还是绘画。当时的绘画仍然可以看出非常鲜明的现代主义特色，而非一味追随历史主义、传统主义以及经典主义的特色，这也极其鲜明地定义了20世纪初的民族主义和现代主义的特点。这些现代主义的元素来自相当多的非欧洲团体和社区。我为什么举这个例子？因为我觉得就像印度的故事也不只是印度的，中国的故事也不只是中国的。

再举一个中国的例子。20世纪早期，中国的伟大诗人郭沫若曾经写过《天狗》，这里面包含很多现代性元素，里面的诗句是这样的："我是月的光，我是日的光，我是一切星球的光，我是X光线的光，我是全宇宙的Energy（能量）的总量。"它说明了什么？它让我们感受到了19世纪美国现代主义的诗人沃尔特·惠特曼的特色。尤其是在当时的语境中，在知识分子群体中，在20世纪初都市主义不断抬头和现代主义不断兴起的过程当中，显然我们可以看到存在一些互通性。而当时大量的欧洲和美国文化符号和人物，大规模地进入到亚洲地区，进入到包括中国、日本在内的亚洲文化语境中，从郭沫若的诗中我们就可以看到这种元素。中国、美国和印度之间的文化交流源远流长，中国文化在前现代时期、现代中时期和现代后时期，都体现了杂糅性、兼容性和都市的包容性。

在中国大历史观的观照下，你可以看到中国并不是一味地在闭关锁国，而是不断地在往外拓展。这种外向型的思维也指导了战事，特别是在"二战"时期，改变了中国的一些传统的历史路径。

这虽然是一场战争，但改变了中国在世界上的地位。现在中国为什么会成为世界大国？有一部分就是源于在当时战争中的成长。中国当时与很多主权国家结盟抵抗法西斯，到了1943年，差不多是在1842年签署《南京条约》100年之后，中国签署了新条约，这个新条约承认中国是一个完整的主权国家，而且是一个走在发达之路上的国家。从那个时刻开始，中国不断向外拓展、签署协议，形成了很多盟友关系，包括中美关系。其实历史的发展并不是简单的线性，我们都知道美国曾经很早就派出了他们的代表拜访毛泽东、朱德等中共元老。1944年，美国就派出中国小组与中国共产党高层领导人进行接触和见面。可以看出，两个大国的代表在亚洲语境下已经有了互动。同一时间，更多的接触是来自国民政府，当时的政府是由蒋介石领导的，他和他的夫人宋美龄女士与美国当时在东亚地区的统帅史迪威将军进行了会面，还拍了合照。照片中三人都在微笑，虽然双方是存在不和的，但在面对记者照相机的时候，他们不会把这种不和展现出来。

从这些交往中大家可以看到，"二战"其实起到了很微妙的改变作用。一方面是珍珠港事件之后国际力量的重塑，美国和中国在抗日战争当中达成一致，这也是第一次一个非欧洲的强国和另外一个非欧盟体系下的国家结成同盟关系。其中当然有国家利益在起作用，但这并不常见。在这个例子当中，我们可以看到中国、英国和美国有史以来第一次站在一起。当然印度也有同样的表现，也实现了自己国家的民族独立和解放。另一方面，美国和中国之间也存在关系的多样性，史迪威将军和罗斯福总统对如何与蒋介石政府交往有不同的想法，他们认为中国表现出来的合作意愿并不是非常强烈。而从中国角度出发，我们认为美国没有给予我们足够的支持来打击外敌入侵。

1943年举行的开罗会议也是许多中国政治研究专家研究的一个主题。虽然会议没有做出任何重要决定，但这是第一次非欧洲国家领导人在第一排合影。那张著名的照片上有罗斯福、丘吉尔、蒋介石、宋美龄,所有这些人都坐在一起,这次会议的重要性不应该被低估,它标志着亚洲关系的转变,尤其是在后殖民主义时代关系的转变,也带来了一系列战后国际秩序的改变。

我再简单谈一下战后的情况。值得注意的一点是,在过去几十年当中,中国和世界拥有很多发展的机会,但是也失去了很多机会。中国和亚洲之间能够建立起全新的关系,而这些关系和当初殖民时期的关系完全不一样,1955年万隆会议就非常典型。

当时都认为美国和中国完全可以成为塑造世界秩序的两极,但是两国关系显然没有进一步发展,也就是我之前所提到的——失去了发展机会。因为从那个时候开始,美国和中国渐行渐远,开始成为互相孤立的两极。这个历史机遇如果被抓住的话,结果将完全不一样。双方都需要为此局面的形成负责任,都要为自己政策和外交的失误付出一定的代价。直到尼克松和基辛格在20世纪70年代访问中国之后,中美关系才迎来了转机。

当然在苏联解体后,中国有了新的发展机遇。过去几十年当中,中国的影响力在与日俱增,2008年北京奥运会再一次彰显了中国的地位和特色,用体育作为一个纽带,在国际舞台彰显文化软实力。网络的兴起也是最重要的一个改变中国人世界观的因素。在中国待的三天,让我意识到我落伍了,大家都在教我用微信,中国显然在网络、APP、IT方面处于世界的前沿。同时中国也不是没有问题,中国有很多发展机遇,但是也有很多挑战,比如说环境污染。为什么特朗普总统对《巴黎气候协定》的态度十分暧昧,或者说仍然不愿意在这方面表态?其实最主要的原因还是在解决污染的问题上,各国的诉求和考虑显然有所不同。中国应该承担起相应的责任来应对这样的挑战,积极提升国际影响力。

而就"一带一路"来说,我们现在所谈到的是贸易、商务、合作,而不是自力更生、独立自主、不靠外国,这和以前是非常不一样的。我们是在复兴一个古老的丝绸之路。

我们应该从共同拥有的历史中找到复兴的实力和线索,加强中国、美国和其他国家之间的合作。这将成为一个加强各自理解的叙事方式。对于中国来说,我们显然应该正确对待国际合作,国际合作也应该成为未来国家实力提升的重要基础和依托。

  1945年之后，世界秩序发生了非常大的变化，中国和美国显然通过一系列的合作和抗衡实现了各自国家实力的提升。但是我们又需要注意我们必须要从历史中找到相关的力量补给，不管是对于中国还是美国，双方都应该看到两国做的贡献，同时也要看到各自做出的牺牲。"二战"的胜利让亚洲有了更大的发言权。很难想象如果中美不进行合作的话，亚太地区能够取得和平，但是关键的一点就是两个大国都需要有所平衡。中国应该继续欢迎美国在东亚地区的存在，而美国应该将中国更紧密地带入到塑造这一地区的合作圈里面。有了这样一种合作，"一带一路"倡议取得成功的概率就会更高。从欧洲的角度来说，我们也非常乐意看到这两个重量级的国家能够走到一起，建立更紧密的联系，为亚洲和世界各地带来和平与稳定。

半岛问题与党政选举——日本的国际与国内关切 *

受访者：河村建夫　日本众议院预算委员会主席
采访者：樊勇明　复旦大学国际关系与公共事务学院教授

樊勇明： 最近中日关系有了很大的改善，打造一个良好的周边环境则显得尤为重要。不知道您对于现在朝鲜半岛的局势有什么样的看法呢？

河村建夫： 原定在2018年6月12日举行的美朝会晤，现在已经被特朗普总统取消或者说是暂时推迟。全世界都非常关心美朝峰会什么时候能够重回正轨，中国今后要如何斡旋于美朝之间，以及对于朝鲜现在的状态，会给金正恩什么样的建议，这些都是非常值得关注的。金正恩在近期两度访问中国，这也是由于局势出现了很多新的变化，因此对中国各方面的依赖就变得更加强烈了。中国一直以来都是朝鲜的伙伴，从这个层面来看，我们可以预测到今后中国的存在也将继续对美国、朝鲜以及韩国产生重大影响。

樊勇明： 也就是说您认为中国在美朝之间如何扮演中间人、调停人的角色，这一点尤其值得关注对吗？

---

* 上海论坛2018高端访谈。

河村建夫： 差不多是这个意思。

樊勇明： 在这之前我们曾试图通过六方会谈机制来力促实现朝鲜半岛的无核化。但是如今朝鲜退出之后，六方会谈迟迟没有复会。只有朝韩、美朝、美韩，以及美中朝韩这样的对话机制存在。虽然日本与朝鲜半岛的关系也非常紧密，但总觉得日本似乎已经被排除在外。先生对这种情况有什么看法吗？

河村建夫： 从现在的形势来看，我认为有必要推动重启曾经的六方会谈，使朝鲜参与进来，且俄罗斯也包括在内，与会各国在相互协调的前提下探讨可行的解决方案，这一点是非常重要的。重启六方会谈，让各国在互相沟通的前提下制定规则。确实像您所说的，日本现在有种边缘化的感觉，也有一些声音指出日本不该完全依靠美国。

樊勇明： 您认为重启的可能性有多大？

河村建夫： 我认为存在这样的可能性。最近李克强总理已经访问了日本，从这个意义上来说，安倍首相和习近平主席的会晤更显得尤为重要。

樊勇明： 那么也就是说，朝鲜半岛的形势今后也将是中日韩三国所共同面对的重要课题。安倍首相的访中和习近平主席的访日势必将成为下一个热点话题，日本方面必须更多释放一些积极的信号，下一步河野外相就该采取主动重启六方会谈了吧？

河村建夫： 他能够采取主动，也应该采取主动。河野外相正在积极地开展外交活动，安倍首相也正在俄罗斯进行国事访问。那么主动推动六方会谈的重启自然也是在下一步计划范围内的。

樊勇明： 如果日本下一步能够掌握主动权，才能渐渐发挥自己的影响力。中国也乐于看到日本在朝鲜半岛问题上发挥更大的作用，因为美国要是过于强势，行动可能就有不受控制的风险。那样的情况对我们来说也不甚理想，而在维护东亚地区的和平与稳定这一点上，美国、日本和中国发挥着举足轻重的作用。虽说日美是同盟，但是美国为了自己利益的最大化而牺牲了日本的情况也不少见，尤其是在特朗普当选之后。先生对这件事有什么样的看法？

河村建夫： 对于日本来说，朝鲜半岛的无核化背后，还有着绑架问题。民众非常关注事态的发展，并期待着横田惠等一系列问题的解决，因此安倍首相在国内发表公众演说的时候一定会涉及绑架、核武器、导弹这三个话题。日本对于美朝会谈的期待也正在于此。特朗普总统也能够理解日本的立场，并且对安倍首相的重要诉求是有一定认识的，因此这些问题的协商解决是值得期待的。但是美朝会晤也存在交涉和利益角力，因此时机也显得非常关键，现在正处在一个暂时搁浅的阶段。另一方面，日本的想法与其他国家又有所不同，因此在采取行动时也不得不慎重。作为日本来说，我们非常期待在"特金会"之后，也能实现日朝首脑会谈。

樊勇明： 确实就像您所说的，绑架问题是一个国内问题。但一旦牵扯到导弹就变成了国际问题了，日本或许在这些问题上也将采取更加强势的态度。外交就像是一场纸牌游戏，双方各自手持一副牌。那么关于您刚才提到的日朝首脑会谈，日本将向朝鲜提供经济支援，通过日元贷款清算历史。除了"经济牌"之外，日本还打算对朝鲜打什么牌呢？

河村建夫： 朝鲜的民众同韩国一样，都是非常敬业勤勉的。日本的民众受益于社会保障等制度才能够过富足的生活，那么对于朝鲜来说，除了金钱援助，完善社会的制度法规等方面的协助也很必要。我们希望朝鲜能成为一个更加开放的、政府权力受到约束的国家。虽然日本还没采取这方面的行动，但是确实是有这样的计划和考虑的。另外，在农业技术和渔业技术方面也有一定计划。

樊勇明：朝鲜长期以来都深陷粮食短缺的危机当中，如果日本的大米生产加工技术能够用来解决缺粮问题的话，那对于朝鲜人民来说再好不过了。

河村建夫：是的，渔业方面也大有可为。最近由于粮食短缺，有不少朝鲜的海难船只渡航到日本。另外，渔船方面也确实是日本的优势领域。

樊勇明：在 20 世纪 90 年代中期，我曾经在日本农林水产省下的海外渔业协力财团担任过翻译一职，朝鲜一定也乐于见到日本海水养殖技术的引进吧。在渔业这方面，韩国的实力又怎么样呢？

河村建夫：最近有许多的韩国渔船进入日本专属经济海域捕捞，甚至影响到了日本渔船的正常生产作业，由此可见韩国应该也是具备这方面的实力的吧。虽然不好说日本在这方面给予了韩国多少援助指导，但是渔网编制之类的不少技术确实都是从日本引进的。渔业确实是日本的优势领域。

樊勇明：韩国和日本既是近邻，又有非常密切的人员往来，在经济方面也随处可见韩国元素的影响，比如软银。那么韩国和日本在对朝鲜政策上会有相互竞争么？

河村建夫：可能会有的。很大程度上还是取决于日韩关系，以及日本愿意接受哪些条件。日本应该认识到，朝鲜半岛今后必将会朝着统一的方向发展。东德和西德的统一成就了现在的德国，这对于朝鲜半岛未来的发展道路也是一个很好的启示。日本不可能撇开韩国来发展与朝鲜的友好关系，日本还是会在维护好日韩关系的前提下，与朝鲜进行国家间的合作。

樊勇明：由于我本人是做日本研究的，因此对于日本的政局变化比较关心。按当下的局势来看，安倍首相再次参选是不是比较危险了？

河村建夫： 如果只看媒体报道的话，确实容易产生这样的印象，民众对于整个政治体系的信赖被动摇了。有人说安倍首相仿佛在遮遮掩掩着什么，在对民众说谎。在野党在这个问题上也是穷追不舍，安倍自己口口声声说要纠治积弊沉疴，改善政治生态，结果这积弊反倒出在自己身上。按照现在的情况看的话，确实首相夫人与森友学园的交情深厚，但是从刚刚出狱的笼池夫妇的言行来看，怎么都不像是正派人。天真单纯的首相夫人大概只是被无辜卷入其中的，而不是真的做了什么事，不过安倍首相也不至于完全不知道这件事。

樊勇明： 还是知道的吧。"忖度"这个词听起来就很意味深长啊。

河村建夫： 财务省相关官员"忖度"安倍的意向应该是确有其事，但是反过来说，官员也该有自己的操守，永远清楚地知道这块土地是怎么回事、又该按什么规矩出售。现在这种局面恐怕是相关官员根据氛围擅自解读和判断的结果，我觉得安倍首相应该并没有特别介入其中。另外，加计学园的问题也是，碰巧加计学园的理事长与安倍首相从在美国的时候就是好友，这件事情才变得复杂起来。四国地区的四个县中没有任何一个大学拥有兽医学部，我认为这恰恰暴露了文部省行政的弊端，而在这种情况下，设立兽医学部本来是一件水到渠成的事情。在考虑地方发展与活力创造的时候，采取这样的政策也不足为奇，只是碰巧加计学园理事长与安倍首相交情深厚，才有了官员自发地"忖度"安倍首相的意图，这样事情就说不清了，我觉得这本不是什么大问题。

樊勇明： 那么，这样说来安倍首相还是有可能再度参选的。

河村建夫： 我是这样认为的。

樊勇明： 也就是说，岸田内阁的诞生就在于明年或者后年了。

河村建夫： 如果安倍首相再次当选，可以想见的是岸田应当会成为下一任首相的有力候选人。我们也非常关注岸田在安倍竞选中会作出何种举动，现在也正考虑进行这方面的讨论。

樊勇明： 另一方面，岸田本人则表现得相当谨慎，静观局势变化，伺机而动。

河村建夫： 现在从自民党内部的人数来看，势力最广的还是安倍派。

樊勇明： 以前的福田派成了现在的安倍派，安倍派现在在人数上也确实是最多的。

河村建夫： 对的，人数上安倍派是毫无争议的领先，麻生则排在第三位，岸田应该在更加靠后的位置。第二位是竹下派，也就是原先的田中派演变而来的。二阶派则是差不多在第五位。第一位和第三位、第五位联起手来，国会中的半数议席就能得到保证了。

樊勇明： 那么二阶派在当下有与麻生派联手的可能性吗？

河村建夫： 当然，现在麻生派和二阶派正展开紧密的合作。我曾经担任过麻生内阁的官房长官，因此也算是加入了麻生派的。现在整体的走向就是如此，二阶理事长正在访问大连，他不管去到哪里都必定公开表明支持安倍首相。

樊勇明： 麻生在财政等方面还是很有一手的，但是国会答辩的时候……

河村建夫： 确实有点口无遮拦。我在做麻生内阁的官房长官的时候，也数次碰到过这种情况，所以也不足为奇了。但是要是听完整段话，你就会发现其实他讲的还是符合道理的。我做官房长官的时候，差不多也有两三次这样的情况，他的话若被断章取义则会产生一定的问题，不过都不是什么举足轻重的国家大事，因此也不至于发展成国际问题。

樊勇明：另外我还感觉现在日本的政局仿佛像是回到了20世纪70年代末，那个时候实力最强的是社会党，大约有百来个人，紧随其后的则是公明党等一些小的政党。现在在野党当中立宪民主党风头正健，不知道民众对于他们有什么样的看法呢？

河村建夫：公明党虽然召集了几十个人，但是在国民中的支持率却仅有1%。这也可以看出，国民对于在野党其实是不抱什么期待的。尽管发表的言论乍听起来气势十足，但事实上在野党内部也是零零散散的，一些比较有实力的议员以无党派身份参选，总体来看在野党内部并没有实现有效的团结。

樊勇明：那么也就是说自民党现在依然是政权无虞的状态？

河村建夫：不过政权内部曾经已经有过交替了，结果可能还是要看选举吧。在当选者确定之后再团结统一起来，这是自民党的传统。内部竞争的时候毫不退缩，等选举结果出来了之后便重新团结起来。

樊勇明：小泉进次郎作为下一任自民党总裁的呼声很高，您对他有什么看法呢？

河村建夫：他在民众当中人气非常高，国民舆论调查支持率仅次于石破，位列第二，甚至一部分的统计当中小泉的支持率还超过了石破。

樊勇明：但是在我看来，如果小泉当选自民党党首，恐怕失言胡言的问题不会少吧。

河村建夫：他毕竟还年轻，也没有担任大臣的经验。自民党有意让他进入内阁，在逐渐积累政治经验的过程中，将他培养成下一位党首。不过在我看来他倒是很好地继承了父亲小泉纯一郎的优点，发言也很恰当，虽然有一些年轻冲动之处，但总体来说没有什么大的问题。

樊勇明：我冒昧地问一句，您对您的前任石破看法如何呢？他还年轻，是否有做首相的想法呢？

河村建夫：他确实有这样的想法，这一点我们也都清楚。但是他在党内只有一个小团体，人数和实力也止步不前，这可能是他目前所面临的一个困境。不过只要慢慢积累政治经验，想必知名度也迟早会上升的。不过现在看来，小泉的人气要更高一些，如果小泉进次郎与他联手认真谋求参选的话，那么形势可能又会发生一些变化了。

樊勇明：我曾经一度以为现任东京都知事的小池百合子会与自民党合作成为日本的首位女性首相的，现在这种可能性还存在么？

河村建夫：完全没有。之前小池百合子牵头建立的政党现在分崩离析，在那之后她几乎就已经被排除在了角逐名单之外。现在小池百合子主要专心于东京都的政务，而不太过问国政了。

樊勇明：立宪民主党中有不少原先都是自民党的领袖，那么它将来再次被自民党吞并好像也并不是完全不可能的事。

河村建夫：那倒还不至于。日本采取小选区制，初衷正是为了避免像美国那样两大政党政权交替所引发的巨大政局动荡。国民能够根据各党的施政纲领，安心选择自己心目中的理想国家领导人。可惜在我从政的28年的经历中，政权就已经更迭了两次，两次都是自民党内部分裂以及大选落败的时候。所以在野党要想获胜还是得在大选之前团结起来达成一致，这可能才是在野党的唯一出路。

樊勇明： 按现在的情况看联合一致可没那么容易啊。今天感谢您在百忙之余接受采访，还陪我聊了这么久。先生对上海论坛有什么期待或者寄语么？

河村建夫： 我第一次出席上海论坛，深深感受到论坛放眼全球的格局之大。除了中日是世界第二、三大经济体之外，韩国的经济实力也位列世界第11位，因此中日韩三国应当为亚洲乃至世界的和平做出更大的贡献。看到今天与会的各位代表、各种各样的地方机制，我觉得日本应该对上海论坛给予更多的重视。上海的日企有不少都出席了，那么日本的企业是否有可能成为论坛的赞助方？我觉得这样的模式值得期待。如果论坛能够发挥倡议、引导的作用，那么我想日本一定能够在论坛中发挥更加积极主动的作用。对于论坛与日本相关的举措我可能会做更加深入的了解，然后尽我所能地提供合作和协助，如果日本能更多地参与，那么我相信上海论坛的对话和交流一定也能够进行得更加热烈。

樊勇明： 非常感谢您接受我们的采访。我们也会朝着这个方向继续努力，扩大和日本交流合作的范围。今后也请多多关照！

从地缘经济学出发看中美关系*

演讲者：Paulo Portas　葡萄牙前副总理

我接下来会谈谈中美关系，包括中美两国之间的历史、经济和地缘政治。我教的是地缘经济学，因为我认为这是理解现代地缘政治的最佳方法。与从前相比，如今的国际关系在很大程度上是经济关系。

的确，过去40年里，世界发生了天翻地覆的变化，我们有了新的经济秩序。但是，40年不足以建立新的政治秩序。我们拥有新的经济秩序，但却面临全球的政治秩序瓦解，所以我们必须努力重新思考、重新定义我们的全球政治秩序。我将阐述一下为什么中国，乃至整个亚洲比世界其他国家和地区能更好地推动全球化，为什么中国会在数字化的问题上给世界带来惊喜。我想强调，全球化和数字化经常被当作是一个概念，其实，两者相辅相成，但两者又是不同的概念。你可以暂时让全球化停下脚步，但是你却无法阻止数字化的进程，这就是主要区别所在。

首先，我想请各位看看在过去这40年中发生了什么。亚洲对全球经济增长贡献

---

* 上海论坛2019开幕式主旨演讲。

率为45%，而40年前，亚洲的贡献率仅约为20%，所以，如果亚洲出现问题，在世界其他地区也会出现严重的后果。如果仅从中国本身来看，上升趋势则更加明显。根据国际货币基金组织（IMF）按购买力平价指数（PPP）计算的GDP，中国对全球经济增长贡献率达到19%，但在40年前还不到10%。诚然，40年在人类历史上算不上什么，但却足以发生这一巨大改变。

看看那些处于全球化核心、处于全球货物与服务贸易中的欧洲大陆经济体以及其他区域经济体，你就可以理解为什么欧洲这一出口大户会受到全球贸易战的影响，为什么另一方面中国也比美国在货物贸易方面更受关注。在我看来，无论在过去还是现在，全球化的推动力都是贸易，而这也已经不仅仅是我的个人观点了，这已经成为事实。40年中不仅货物贸易量增长了10倍，更重要的是，我想请各位关注的已不再是演变，而已经是变革。20世纪80年代，中国在全球货物贸易中占比仅为0.9%；2018年，这一比例上升至12%。中国已经成为世界上货物第一出口大国。这就是为什么我一直告诉我的学生们，的确米哈伊尔·戈尔巴乔夫、罗纳德·里根、玛格丽特·撒切尔、约翰·保罗二世都在20世纪80年代为世界带来了部分改变，但是，是邓小平改变了中国。通过改变中国，他改变了亚洲；通过改变亚洲，他改变了世界。

我还要强调的是，这不仅仅是中国的崛起。如果把亚洲看作一个整体，这更是亚洲的崛起。也许欧洲、美国等地区的一些工厂对于世界的新形势感到不舒服，但是请注意，这其实是一个更平衡、更公平的世界。如今的经济联系不再仅仅是北方之间的联系或是西方之间的联系，而是南北、东西、东南、西北之间的联系。

我也想请各位注意我所说的"规模影响"。30年前，1990年时的世界十大公司排行榜上，所有的旗帜都是美国的国旗；30年后，第一处不同就是世界十大公司排行榜上旗帜更加多元。但是，给我印象最深的并不是排行榜上旗帜的不同，而是20世纪90年代位列榜首的公司的收入放在现在已经不足以支撑其跻身前十。公司合并、并购使得公司的规模增长速度如此之快，甚至也许未来某天我们会为增长速度过快感到后悔，因为这样的公司将很难管理，也无法弃之不顾。显然，中国很好地推动了全球化，如果从数字化角度来看，则更加明显，且对于欧洲而言尤为明显。在世界十大数字化公司排行榜中，目前还看不到欧洲公司的身影。这场竞争是中美之间的竞争，未来几年，排行榜上会有六七家美国公司、三四家中国公司。但是欧洲排行第一的音乐播放公司 Spotify 却不在全球前十强之列，这才是布鲁塞尔应该关心的问题，而非如何向苹果公司征税。我们应该反思为什么在数字经济中，欧洲无法产生全球前十强。

此外，对于全球化和新经济的不满情绪其实是美欧地区的不满，在非洲、亚洲或拉丁美洲却没有这样的不满，因为这些地区是全球化的受益者，全球化为这些地区创造了一个更加公平、平衡的世界。我一位非洲朋友对全球化和数字世界充满希望。非洲在未来变化会很快，例如移民流动等，到 2020 年，智能手机数量将会达到 7 亿台，54 个非洲国家会签订有关自由贸易的协定。

20 年前数据流量方面大家能否找到中国的身影？但是我想在 2016 年，大家定能看到中国。所以说，在亚洲，在中国，数字市场发展潜力非常之大。我想特别提一下 2018 年国际知识产权组织所接受的专利申请数量，中国在这一方面让世界大吃一惊，因为中国几乎就要超过美国成为世界上第一大专利申请国。如果不按国家来看，而是按照公司来看，世界上最大的研发投入公司是哪家？华为。来自中国的 53000 项专利申请中，有 5000 项是来自华为的。这场技术战争背后的原因很清楚，中国在不到十年的时间里，就能够在电子商务与移动支付方面成为美国独角兽的挑战者，这真是难以想象。所以我想强调，地缘经济发生了如此巨大的改变，显然地缘政治也会发生改变，很难想象我们能用 20 年前的地缘政治平衡来维持现在的地缘经济关系。这是我想向大家展示的第一点。

另外，在我看来，葡萄牙是美国在大西洋非常友好的邻国，同时葡萄牙也将经济充分向中国投资者开放。我们知道盟国与友好关系之间的区别。但是，美国为何对这一不断变化的世界感到不舒服呢？我认为，这只是外界的看法。美国终于意识到，世界不再是白人盎格鲁-撒克逊新教徒（WASP）占主导的了，但是我们也不能只怪美国的现任总统，保护主义、地方主义、孤立主义在美国由来已久。

关于美国我想再补充一点。过度的移民政策限制会严重影响美国的竞争力，例如美国在数字经济中的竞争力。硅谷需要的是吸引人才，而人才不是由国家、宗教或大洲所决定的。所以，必须要开放才能吸引最优秀的人才。如果美国政府在移民政策上过于狭隘，则会失去美国经济发展中特有的良好势头。美国 40% 的全球 500

强公司都是由移民或移民的后代所创立，而在硅谷，移民的比例更是高达58%。

我们如今对于美国、欧洲、亚洲、拉丁美洲金融危机的情况都非常了解。但我们对全球贸易带来的危机又了解多少呢？回顾一下20世纪30年代美国大萧条之后的最近一场全球贸易战，当时的情况与现在非常不同。美国决定向两万多类外国产品征收关税，由此造成的结果并非直接反映在贸易、经济增长上，而是反映在通货膨胀和失业上。所以，我们知道，与金融危机相比，贸易危机不会直接在信用、资金上造成问题，但是贸易危机持续的时间很长，这也就是为什么我对此深表担忧的原因之一。贸易战的影响持续时间更长，更难恢复。另外，对比欧洲的金融危机，美国在金融危机的恢复上其实比欧洲更快、更果断。

我想和大家分享一下我们目前的一些结论。首先，我们都生活在一个新的政治分化的世界，中美之间的两极分化可能也是无法避免的。事实就是事实，通常很多事实都有着重大影响，我们不知道什么时候会产生影响，但是这就是我们所处的世界。

第二方面，欧洲自身面临着困局。如果联合起来，欧洲可以成为一个重要的集团；如果分裂，欧洲则会变得无足轻重。如果欧洲要在国际上发展，就要对自己的安全负责，不仅要有软实力，还要有硬实力。目前来看，欧洲是有实力的。

第三方面，全球化中的很多变化在数字化中将会更加明显，所以说数字化加速了全球化。但是这并不是理所当然的，而是数字世界中发生的最奇妙的事情之一。50年前，一家大公司的寿命是50年，今天只有15年。在全球化和数字化的世界里，如果你有一个好的想法，你可以很快通过与优秀的企业签订合同，转让这一想法，但是也请注意，下一个将取代你的想法也正在诞生。

第四方面，在全球化的世界中，没有空位。以跨太平洋伙伴关系协定（TPP）为例，美国退出一年以后，日本、墨西哥、加拿大等11个太平洋国家就决定不带美国重新签署协议。有全球化的经济却没有国际化的组织或至少全球性的规则，这是一件非常危险的事情，可能会引起混乱。所以，方法就是要对联合国和世贸组织等国际组织进行改革，而不是摧毁、消灭这些国际组织。

最后，我想强调，在全球化中，不可预测的事情会越来越多。谁能预测特朗普上台？谁能预测英国脱欧？谁能预测西班牙的民族分裂危机？谁能预测意大利的民粹主义者？谁能预测最近所有的政治现象？在全球化中，不可预测的事情会越来越多。所以我的建议是我们要灵活应对，不能过于死板，在充满活力的变化和发展之中，死板会走向灭亡。不管特朗普在推特上说什么，不管双方之间如何分裂和冲突，美国和中国最终都要在利益方面相互进行妥协，因为无论通过什么协议，这都是唯一能够避免中美之间冲突升级甚至失控的方法。而这种冲突不仅是贸易上的冲突，更是互信上的冲突。目前遇到的危机其实是信任危机，信任恰恰又是最难建立却最容易摧毁的东西。

变动中的中美关系[*]

受访者：Graham Tillett Allison，Jr. 哈佛大学肯尼迪政府学院创始院长
采访者：吴心伯　复旦大学国际问题研究院院长、复旦发展研究院副院长

吴心伯： 在过去几个月里，整个世界都在密切关注中美之间的贸易和经济摩擦。您可以从美国的角度解释一下特朗普在这个问题上的所作所为，其背后的目的究竟是什么吗？

Graham T. Allison： 我想没有人会确切地知道。特朗普是我们所见过的最不同寻常的一位总统，美国人如中国人一样对他感到困惑不解。但我认为，此次贸易战实际上反映了一个事实——在过去25年里，尤其是自2008年金融危机以来，中国已经逐渐发展成为一个大国。中国是以远超其他国家的速度且更全面的方式崛起的，而美国人只是一点点缓慢地发觉了这个事实。因此，当他们意识到这一事实时，他们发现已经有一个几乎在所有领域都可以与美国比肩甚至更加优秀的国家出现了。这对那些在美国这匹赛马上下注最多，并且理所当然认为它是世界第一的人来说是一种威胁。中国的出现简直是当头一棒，也是对现今世界秩序的巨大冲击。特朗普感受到了这一点，并在竞选中利用了这一点。大部分美国公众都觉得中国一定是在作弊，而他第一个站了出来成为这些有同样感觉的人的首领。否则，怎么才能解释

---

[*] 上海论坛2018高端访谈。

中国会如此成功呢？所以现在好像可以把所有事情都归咎于中国了。也许中国真的应该为有些事负责，但大多都是莫须有的指控。当中国还是一个弱小国家的时候，没人给予它这么多的关注。而现在中国强大了，大家也就把一切都夸大了。就我分析，所有这些反应的潜在原因就是中国"修昔底德式"的崛起，它挑战了美国的世界统治地位。

吴心伯： 是的，我的第二个问题正与您的分析有关。在我最近访问美国期间，我还发现除了对贸易问题的相关政策有争议外，美国社会还普遍存在对中国崛起的焦虑，甚至从某种程度上来说已经成为一种恐惧。从冷战结束后至今，现在的美国让我感到非常陌生。过去的美国对自己的未来充满乐观和自信，一直倡导开放、多边主义和国际合作，然而现在似乎一切都在突然之间发生了变化。那么，在这种对中国强烈的抵触情绪背后到底隐藏着什么？

Graham T. Allison： 你描述的这种情况完全正确。在如今的华盛顿，执政者和政策制定阶层普遍存在着一种焦虑情绪。修昔底德会说他已经写就了关于这些问题的书，书中的故事讲述了雅典崛起时的统治力量给斯巴达带来的恐惧。我有一个非常合适的比喻来描述这种情况，如果我习惯于站在时代的顶峰，而在这个时空里，出现了一个可以与我竞争的人，这会让我感到不安全，我会害怕世界被改变。当然，这是有可能的，因为世界总是在改变。所以，现在美国的这种情况有部分原因是外界的客观因素造成的，但更重要的是国内的原因。美国的自信是在二十世纪末建立起来的，并且在二十一世纪之初就认为世界正朝着它制定的方向发展。然而事实上，针对世界贸易中心的"9·11"恐怖袭击，布什对伊拉克的冒险，以及政府原本认为可以推动利比亚解放结果却是一片混乱的"阿拉伯之春"，再加上巨大的金融危机和美国经济走出大萧条的无力，这一切都打击了美国人的信心。与此同时我们也看到了一种现象，即我们所理解的民粹主义在大多数民主国家兴起，这些国家里被遗忘的人们真的感觉到自己被遗忘了。

吴心伯： 在与学者和政策制定者们交谈的过程中，我发现他们对于当今中国的解读有时是有选择性的，甚至是扭曲的。他们没有以正确的方式解读中国。以中国过去几十年的经济增长为例，其中最重要的成就之一就是让八亿人摆脱了贫困。这对世界来说是非常伟大的贡献，不应被视为对美国或任何其他国家的重大威胁。而在美国对中国共产党第十九次全国代表大会的解读中，我认为其对大会提出的长期战略目标也有某种夸张和歪曲。请问您现在对中国有什么看法？特别是在"十九大"之后，您如何预测中国在国内和国际上的未来发展？

Graham T. Allison： 你一如既往敏锐地观察到了美国所发生的事情，并且我认为你的解释是正确的。"修昔底德陷阱"现在正在我们面前发生，我们也感受到了它的存在。修昔底德谈到了这给斯巴达带来的恐惧，也谈到了这种恐惧对人们心理感知的影响。对斯巴达城来说，人们错误的感知被放大，误判也被放大，因此，受到外界行动影响的风险被放大。如果中国按照现在的增长速度再持续增长 10 年、20 年、30 年，我认为到那时候中国的经济规模将是美国的两倍。但是中国能在未来的 10 年、20 年或 30 年内继续保持这样奇迹般的增长率吗？没人知道。事实上，让七八亿人口脱贫的这一贡献值得全人类庆贺，这些可怜的人们现在能活得更有尊严了。但是如果有人把这八亿人解读为可培养的潜在士兵呢？中国人不会赞同这种说法，因为他们只会站在中国的立场上看问题。而同样的，美国人也只会站在美国的立场上看问题。正如李光耀所说，中国是世界历史最大的参与者，没有比它更大的了。所以对于一个美国人来说，这不是一百万或一亿，而是十亿多的人口。怎么有国家能拥有超过 10 亿的人口啊？这已经超出了他们的想象。因此，处于恐惧状态中的人很容易把问题夸大。我认为交流的一大难点就是要尽量保持客观，这就是为什么普通民众之间以及领导人之间的大量交流是非常必要的。

吴心伯： 这就引出了一个涉及您和我，作为一名学者的问题，我们如何才能在这种关系的困难时期更好地教育公众，并帮助政策制定者们更准确地解读这种关系？我们能做什么？

Graham T. Allison： 这是个很好的问题。首先，我认为对我们来说最重要的事情是试图围绕这个问题找到自己的思路，并客观地看待这个问题。我那本关于"修昔底德陷阱"的书里就试图在证明这是一个客观存在的事实。你不能否认中国正在崛起，并将继续崛起。这将会对世界产生巨大的影响，尤其是对美国。你不能否认美国已经统治了世界一百年，而事实上正是美国主导创造的环境使得中国能够获得如此巨大的成长。这些都是事实。但这些事实是否意味着它一定会变成灾难性的？不，我这里有 16 个案例，其中 12 个结果不尽如人意，但还有 4 个成功摆脱了这种危机。因此，看到事实是非常重要的。

其次，我认为对于政策制定者来说，他们对客观世界的敏感要像他们对政治议程的敏感一样。作为学者的好处就是你可以有更多的独立性。你可以说，我理解你的政治议程，但我只是告诉你真相。同样，向总统汇报那些他不愿意听的事，是每个政府情报机关的职责。说出真相——这是学者和情报官员的工作，但有时我们做的并没有我们应该做的那样好。然后我认为对公众来说，需要我们提醒他们这些情况是如何助长和夸大误解的。在今天的美国，中国虽然还没有被妖魔化，但毫无疑问是在向被妖魔化的方向发展。如果你看一下美国人对俄罗斯的评论，你就会发现俄罗斯已经完全被妖魔化了，我觉得这完全是美国人空想出来的。要是我把刚才的话跟美国人说，一定有人会说我是站在俄罗斯那边的。我的回答是，不，我是一个资深冷战分子，我非常支持击垮苏联。但是如果有人说俄罗斯人是导致美国民主出现问题的主要原因，我是不赞成的。美国民主制度存在着深刻的问题，虽然俄罗斯可能在有些事情上给问题制造方一次又一次地提供支持，但是导致问题出现的主要原因还是我们美国自己，不是别的国家。

吴心伯： 接下来让我们来谈谈美国自身吧。这种对中国的强烈情绪、特朗普的经济民族主义倾向和贸易保护主义在多大程度上反映了美国社会的一些重大变化呢？在您看来，这是一种暂时现象还是长远变化的开始？

Graham T. Allison： 我希望这些现象的出现只是因为特朗普抑或只是暂时的。但我认为这更有可能是一个长期的、根深蒂固的问题。为什么这样说呢？首先，对美国人来说，他们已经习惯了一切都是位居世界第一。因此，当意识到其他国家可能会成为美国的竞争对手时，他们心理上很不舒服，这让他们没有安全感。这就是事实，和其他因素没有任何关系。两家公司之间也会出现这种情况，元老公司会打压后起之秀。甚至在家庭中，要是孩子长大超过了父亲，事情也会变得复杂。

其次，我认为如今美国的民主已经失调了，每个人都认识到了这一点，所以现在把问题怪到别人身上会好些。这就是为什么普京很招人喜欢的原因，因为你可以说，普京正在搞破坏。但事实上早在普京上台之前，美国人就破坏民主体制很久了。所以，正如我在一篇关于华盛顿特区的文章中写到的，华盛顿英文名 Washington D. C. 中的 D. C. 已经被戏称为"功能失调的首都"的缩写了（dysfunctional capital）。因此，美国人会问，是谁给我们带来了阿富汗和伊拉克无休止的战争？是谁造成了中东和利比亚的混乱？是谁给我们带来了金融危机和大衰退？我觉得美国的统治阶层似乎不懂得如何治理国家。特朗普就是这么说的，他表达过这样的观点，并且引起了许多人的附和。这就是我们内部的大问题。

第三，是经济上的问题。对于超过一半的人口来说，他们的收入在整整一代人的时间里没有实质增长过，他们认为生活没有变得更好。但是美国梦告诉他们，只要你努力工作并遵守规则，你的孩子就会比你更富有。这些人认为有人在阻碍我实现梦想。但这些都是美国人必须自己解决的问题。如果你在自己的圈子里出了问题，你可能会想，也许这不是因为我。将问题外化，把自己的问题归咎于他人，这是人类常见的现象。很遗憾，国家也是如此。

吴心伯： 特朗普在竞选中甚至在入主白宫后都承诺，他将解决所有问题。如今他已经任职将近一年半了，您会如何评价他作为一个总统的表现呢？

Graham T. Allison： 我们以前从未见过像特朗普这样的人。我一直在做历届总统的类比研究，在美国历史上我们有一些不同寻常的总统，但没有一个是完全和他一样的。毫无疑问，他以一个局外人、一个特立独行的人的身份入主白宫，基本上打破了所有规则。这就是他一直在做的。如果要给他打分的话，我很可能会打很低的分。我认为这次他退出《巴黎协定》是个严重的错误，退出"伊核协议"也是如此。不过，我觉得特朗普对俄罗斯的直觉是对的，要是我们和俄罗斯的关系再好一点，我们就会过得更好。但是这一切都被卷入了"通俄门"的政治事件里去了。他想要处理好事情的初衷完全落空，他做的只是把事情弄得更糟，因为这样的做法让人们觉得他似乎藏着掖着些什么。我更看好的是与朝鲜的外交，因为我们将会看到美朝峰会的举办，我们会看到一项重大协议的达成。通过多年的协商谈判，这将帮助我们基本上实现朝鲜无核化与邦交关系正常化。如果这项协议能够达成，那对特朗普和金正恩来说将是双赢，对中国的习近平主席来说也是如此，对韩国的文在寅总统来说更是如此。

吴心伯：毫无疑问，特朗普想召开一次峰会，并且要是一次成功的峰会，那他就可以借此邀功，甚至还有可能因此获得诺贝尔和平奖。但真正的挑战是，实现朝鲜无核化需要一个漫长的过程。即使进行了大量的讨价还价，要实现这一愿望仍然需要长期的艰苦努力。因此，人们担心特朗普可能没有合适的团队来实施计划，或者他可能没有必要的资源来确保这些想法得以实现。那您怎么看呢？

Graham T. Allison：我觉得你说得很对，我同意你的观点，但我认为我们必须把特朗普在这次峰会上可能取得的成就与现实的替代方案进行比较。所以，在 2018 年初，也就是几个月前，事态的发展只有三种可能。可能性一，金正恩继续试验洲际弹道导弹，并获得用核武器打击美国的可靠能力，这是最有可能的。可能性二，特朗普攻打朝鲜，以防第一种可能的出现，这也是很可能的。可能性三，出现奇迹，达成协议，这个方案很复杂，实施起来需要很长的时间。在选项一、二和三之间，三比二和一好得多。现在如果达成了一个总体框架协议，特朗普就可以宣布说，我们已经解决这个难题了。但这不是真的，我们不应该把他的话当真。他可能甚至会认为我们已经解决了这个问题，但这个问题将伴随我们一生，而且久而久之会一步一步变得越来越复杂，不仅对美国来说会这样，对中国、韩国以及其他各方来说也会如此。所以我认为中国参与达成协议是非常重要的。更重要的是，中国要参与方案的实施，因为朝鲜问题对中国来说也是个大难题。在中国边境上有一个拥有核武器的小国，对中国的外交政策来说是非常尴尬的。

吴心伯：朝鲜长期以来一直被美国妖魔化，但与朝鲜达成重大协议就必需美国对朝鲜半岛的政策和战略进行重大调整。美国准备好朝这个方向发展了吗？或者这只是特朗普为了获得个人功劳而采取的策略？

Graham T. Allison：这又回到了你关于特朗普的问题。总的来说，美国是不会做好准备的。美国就像一艘大型航空母舰，只是朝着同一个方向缓慢地移动，要调整航向是很困难的。但是特朗普就像是一艘可以朝各个方向行驶的快艇。不幸的是，它能往这个方向走，也能往那个方向走。但我认为，特朗普不会拘泥于美国对朝鲜半岛设定的条条框框。因此，如果他能达成一项协议，从而保证朝鲜面临的威胁减少，我想他会改变的，包括减少驻韩美军总数。我觉得甚至还有终极解决办法会出现。如果韩国人说你们美国人该回家了，他会高高兴兴地回来，他甚至还没等韩国人要他回，他自己就想回了。

吴心伯：所以从这方面来看，特朗普可能比他的前任更称职，更能迅速改变美国的传统政策。

Graham T. Allison：有时会发生奇怪的事，就像我们美国人说的，只有尼克松能接近中国，所以可能只有特朗普能和金正恩达成协议。

吴心伯：如果特朗普就他的对华政策征求您的意见——我希望他会这么做，您会给他什么样的建议呢？

Graham T. Allison：这是个好问题。我当然和他的主要顾问们谈过，他们中的许多人都是我的老朋友。我对他们说，美国的首要问题，同样也是习近平主席的首要问题，就是如何摆脱"修昔底德陷阱"。我想如果你只是照旧例行地领导一个政府，你有可能会发现美国会在你或你的继任者们手中陷入一场灾难性的战争。这场战争会毁掉美国人在乎的一切，所有的希望，所有的梦想，所有的利益，中国也将如此。所以，要意识到你正面临着非常大的挑战，这是第一条建议。建议二，不要听天由命，许多事情成功了，但不是放之任之、随波逐流事情就能成功。你需要发挥想象力，培养适应能力和调整能力，不必按照以前的模式去做事和思考问题，你要有不一样的想法，也可以用不同的方式去行动。当我给美国人讲这些的时候，我说，习近平认为我们要建立新型大国关系。那为什么是新型的呢？为他工作的人可能会这样说，我们称之为"新"是因为我们知道所有已有的形式都会按照"修昔底德模式"最终进入战争，我们不想要战争，中国当然也不想要战争，所以我们需要新型关系。于是我会说，好，那么新型关系是什么呢？他说，对此我们有几个建议，它是非对抗的、相互尊重的、双赢的。我说，这太抽象了，具体是什么呢？他说，我们需要其他人能帮忙给一些具体的想法和细节。所以要是我去跟特朗普谈，我会说，我对新型大国关系有些想法，有六件事要去做。那我想中国人可能会说，不行，二号我们不喜欢，五号我们也不喜欢，另外三个有点傻，我们还有另外三个主意。所以，我想这就是我们要积极行动的地方。我认为就朝鲜而言，新型大国关系的一个范畴应该是危机预防，而不是管理。那我们该如何防止危机将半岛的两个国家拖入我们不希望的战争中呢？如果美国攻打朝鲜，然后朝鲜攻打韩国，那就会爆发第二次朝韩战争。我们可以让美国人和中国人在朝鲜半岛打起来，就像二十世纪五十年代那样。这真的是疯了，所以让我们阻止这样的事情发生吧。要是美国鼓励台湾独立，台湾问题就是另一个容易诱发中美战争的原因。我想几乎所有中国人都会说，不行，中国必须为之战斗，哪怕是跟美国打仗也在所不惜。所以我们应该如何预防这种情况呢？我们正在研究这个问题，我想还有许多工作要做。

吴心伯： 就如何与特朗普打交道，您对中国领导人有哪些建议？

Graham T. Allison： 我想说他们面临着一个艰难的挑战。当然，你得去欣赏一个非常与众不同的人。一位美国风险投资人说过，许多人在试图读懂特朗普的时候，太把他的话当真了，但却没有认真对待他。这就弄反了，应该是你要认真对待他，而别把他的话当真。所以他不像一般人，他说的往往不是字面上的意思，而可能是一些线索。首先你要明白，特朗普就是特朗普。其次，我想他对"让美国再次伟大"这一点有着绝对的雄心壮志。那么中国在美国实现再次伟大的过程中帮不上忙吗？美国的伟大是否需要削弱中国？在一些人的脑海里，答案是肯定的。因为如果你伟大了，我就伟大不了。真的吗？我不这样认为。所以我认为中国人应该创造性地去帮助美国变得更加强大。朝鲜问题就是一个很好的例子。如果习近平能够证明，正是因为他是特朗普的合作伙伴，特朗普才能够解决朝鲜问题，这对中美双方来说都好。同样，在贸易领域也是如此。特朗普关注的是双方贸易平衡，大多数经济学家认为这是个愚蠢的目标。但如果这是特朗普很在乎的问题，而中国解决这个问题又不是非常困难，那我觉得中国就应该解决。这样一来，我想在贸易领域也会有积极的改变。我们还应该寻求其他领域的合作。不幸的是，气候问题虽然很关键，但特朗普对此却有一套奇怪的观点，在这方面我觉得已经无能为力了。但在伊朗问题上，中方涉入不深，完全有可能在避免"伊核协议"破裂的问题上提供一些帮助。

吴心伯：这是您第一次受邀参加上海论坛，您对上海论坛的印象如何？

Graham T. Allison：我很荣幸能够成为论坛的一员，对话和讨论的深度给我留下了深刻印象。我特别喜欢你主持的圆桌会议，我认为我们进行了非常热烈的讨论。我在场外也见到了很多人，我想大家都在这里度过了美好的时光，也学到了很多东西。

吴心伯：谢谢您，欢迎您再来做客。

Graham T. Allison：感谢！

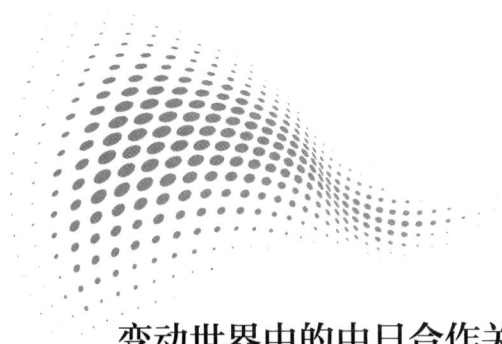

变动世界中的中日合作关系*

演讲者：河村建夫　日本众议院预算委员会主席

今年上海论坛的主题是"变动世界中的亚洲责任"，今天我的演讲题目则是"变动世界中的中日合作关系"。

一、国际形势激烈变动

放眼今日的国际形势，我们可以看到以下三个特征。

首先，在强大而稳定的国内政治基础的支撑下，许多国家出现了强人政治领导下的长期化政权。在欧洲，德国总理默克尔已经开启她的第4个任期，俄罗斯普京政权进入第4任期；在日本，安倍内阁也将进入第6个年头。强大的国力，加上政权长期化所带来的放大效应，使得这些领导人对亚洲乃至整个世界都发挥着举足轻重的影响力。美国的特朗普政权虽然才进入第2个年头，表现也十分强势，在外交、贸易、安全等领域打破了传统的建制派体制，给世界带来了巨大的冲击。

---

* 上海论坛2018开幕式主旨演讲。

第二点是全球各地恐怖袭击频发。尤其是欧洲首当其冲，深受其害。对于这样的恐怖主义行径我们义愤填膺，然而，令人遗憾的是，在伊斯兰国家日益弱化的大背景下，恐怖主义还在不断蔓延，恐怖袭击还在世界各地继续发生。此外，一直以来被视为国际形势不安定要素的地区冲突，也有复燃的趋势，特别是中东地区受到持续紧张的叙利亚内战，以及美国宣布退出《伊核协议》的影响，局势变得更加动荡不安。而朝鲜半岛问题方面，尽管暂定于 2018 年 6 月 12 日的美朝领导人会晤可能会使形势得到很大程度上的缓和，然而是否能够实现完全、可验证且不可逆的无核化依然未知。朝鲜半岛的局势依然变幻莫测，不可掉以轻心。所以在当下，还有很多未知数，很多情况无法分析和预判。

第三点是战后的世界秩序面临重构。首先，就像之前提到过的，特朗普政权高举"美国第一"的大旗，先是宣布退出应对全球气候变暖问题的《巴黎协定》，接着又根据《贸易扩展法》第 232 条款对钢铝产品加征高额关税，实行单边主义的贸易保护政策。在中东，美国不仅宣布退出《伊核协议》，还将驻以色列大使馆迁往耶路撒冷，放弃扮演中东和平进程中"调停人"的角色，极大地动摇了美国自己缔造的战后国际秩序。

以上三个特征表明，当今国际形势正在发生激烈变动，我们或许正在迈向一个新的时代。

二、中日合作的必要性

在国际形势发生巨大变动的情况下，中日两国之间和平友好的重要性日益凸显。两国自邦交正常化以来，在各领域建立起了友好互惠的合作关系，对彼此来说都是不可或缺的重要伙伴。毫无疑问，作为当今世界最为重要的双边关系之一，安定的中日关系必将成为变动国际环境中的稳定之"锚"，为国际局势稳定做出巨大贡献。

中日两国是近邻，正因为离得太近，也会面临一定的问题和困扰。但是，我坚信：只要两国能携手共进，持续努力，这些问题和烦恼是能够得到解决的。中日两国民众中有超过七成的人认为中日关系非常重要。不管是追溯历史，着眼当下，还是展望未来，中日两国的和平友好都是必要，而且是必然的。

另外，中日两国作为东亚地区的大国，共同肩负着维持本地区和国际社会和平与繁荣的重要使命。从这样的立场出发，两国必须携手合作，共同设计、倡导并实施东亚地区和平发展的蓝图。为此，在 2018 年 5 月 9 日召开的中日韩峰会中，三国领导人确认了实现朝鲜半岛的完全无核化这一共同目标，并且商定将继续开展紧密合作以实现东北亚的和平与稳定，不断推进东亚地区的区域合作。

中国是世界第二大经济体，也是联合国常任理事国。作为第三大经济体的日本也想"入常"。中日两国应该积极合作，成为推动实现人类社会和平、稳定和发展的牵引车。正是在这样的认识之下，三国首脑在第 7 次中日韩峰会中就全球性课题互相交换意见，在推动可持续发展，加强医疗保健、气候变化等领域的合作问题上达成一致。中日不仅同为经济大国，而且互为重要的经贸合作伙伴。中国一直是日本的最大贸易伙伴，而日本是中国第二大贸易对象国；日本是第三大对华投资国，在华日资企业数量位居第一。这些都反映了中日两国之间密不可分、互相依存的经济关系。由于经济合作的规模大、紧密度高，中日经济合作的好坏影响到整个世界的经济形势。大力发展两国经济合作，必将能促进世界经济走向新的繁荣。

从上述的"中日和平友好的重要性""作为东亚大国的责任""作为世界经济大国的责任"等三个方面来看，中日合作在当下尤其不可或缺，其重要性在不断提升。

三、新世界秩序中中日两国的作用

那么两国又该在哪些领域合作，在国际社会中担当起怎样的作用呢？在现存的国际社会的规范和秩序下，中日两国实现了长期的稳定和发展，取得了现有的成就。但另一方面，就像我开头所说的，在变动激烈的国际形势下，战后建立起来的世界秩序似乎已经开始瓦解。如果说，现存规则中存在与当下国际现状不相适应的地方，那么明智的做法应当是：加强多边合作，通过真诚的讨论与和平的对话，共同描绘新的世界秩序。

关于新的世界秩序的构建，我认为习近平主席所提倡的"人类命运共同体"是非常恰切的。为了进一步促进世界人民的和平、友好，谋求稳定的经济发展，各国应该如何承担各自的责任、做出怎样的贡献，这才是我们所面临的共同课题。

不揣冒昧，我本人其实也把人类的互利共生作为自己的政治理念之一。我主张：中日两国应该率先在节能、粮食安全、地球环境污染等全球性问题上采取行动。我个人认为，东亚地区未来的发展要靠青年一代，因此，从 2002 年以来，我们一直在开展"中日韩儿童的童话交流项目"。每年 100 多位来自日本、中国和韩国的小朋友欢聚一堂，同吃同住一个星期，共同享受读书的乐趣，并在此基础上进行交流，共同创作出这世界上独一无二的绘本。孩子们一开始因为言语不通而显得有些不安，但是随着交流深入，最后告别的时候孩子们抱在一起，流着眼泪依依惜别。这个交流项目已经举办了 14 次，超过 1000 名儿童参与其中，初期的参与者们有的已经成为大学生，有的已经踏上了社会。他们成立了学友会，对东亚地区的未来展开了认真严肃的讨论。这些孩子长大成人，他们超越了国籍，并肩前行，在他们身上，我们看到了东亚地区崭新而光明的未来。

2018 年 5 月，中国总理时隔八年再次访日。在双方的首脑会谈中，李克强总理把中日关系比喻为一条航船，指出"要推动中日两国和平友好合作的航船再次启航，而且行稳致远"。安倍首相也在欢迎李克强总理访日招待会中表示，基于中日友好和平条约的精神，要在战略互惠的大框架下，使中日关系由"竞争"步入"协调"的新时代。李总理访日期间，中日两国围绕经济、民间交流、海洋安全等领域展开磋商，取得了丰硕的成果。

就像之前所说的，中日两大经济体规模分别位列世界第二、第三。因此两国在经贸关系上取得的进展、经济合作的加强，对于今后亚洲局势的安定、亚洲各国的共同发展显得尤为重要。

另外，2018 年正值中国改革开放 40 周年，在现有基础之上构建新的经济合作关系成为关键。为进一步深化两国经济联系，李克强总理访日期间，中日双方还就设立着眼于第三方合作的官民联合委员会达成一致。该委员会将负责讨论推进具体的经济产业项目，提供民营企业的对话平台，在安倍首相访华期间筹备召开具体的"论坛"。这将成为现有中日经济高层对话的一个补充。

亚洲基础设施建设需求十分迫切，中日双方若能加强合作满足亚洲各国的需求，不仅能为两国经济创造新的增长点，更能促进亚洲各国的经济繁荣与人民福祉。中国政府所发起的"一带一路"倡议，有利于包括亚洲在内的广大地区完善基础设施建设。而日本则一直以来都致力于构建"高质量基础设施合作伙伴关系"，积极推动"高质量基础设施"在亚洲的建设实施，日本愿意与中方探讨在"一带一路"框架之内就具体项目展开有条件合作的可能性。

在基础设施领域，中日双方存在很强的互补性。日本企业可以在保证价格竞争力的前提下开拓新的国际市场，中国企业则可借鉴日本开拓海外市场的经验，降低风险。而对于第三方国家来说，中日合作的模式可以在保证项目质量的前提下，减少对特定国家的依赖。这样的"三赢"局面有望达成。

当然，中日双方在经贸关系之外，在其他领域也有广阔的合作前景。而且我相信，两国人民所热切期盼的安倍首相访华、习近平主席访日也将在不久的未来成为现实。

2018年是《中日和平友好条约》签订的第40个年头。传承老一辈领导人缔结条约，构建两国长期友好关系的精神，开拓更加成熟的中日关系，这不正是我们应当肩负起的责任么？

这次以李克强总理访日为契机，中日两国友好关系重回正轨。从"竞争"到"协调"，我期待着中日关系的进一步加速发展。而其中的第一步，便是安倍首相所说的"先要将中日两国的战略互惠关系落到实处"。

针对中日合作的具体形式，我期待今天到场的各位都能积极地发表真知灼见，各位的宝贵意见必将推动两国关系的进一步深化与拓展。中日两国关系的基石，在于民众相互信任的形成，因此，民间交流和相互理解至关重要。今天出席论坛的各位都是活跃在中日交往第一线的，民间交流的深入正需要借助你们的力量。增进两国民众的沟通与交流，深化双方的理解与信任，必定能促进两国的发展，实现地区乃至世界的繁荣与安定。

| 下 篇 |

安全：
变动世界中的中国角色

一、变动的世界
二、合作的世界
三、走向世界的中国

欧洲与中国在经济发展中面临的挑战*

演讲者：David Willetts　伦敦国王学院客座教授，英国前大学与科学国务大臣

教育对现代经济的发展有着极其重要的作用。高等教育能够推进研发工作的进行，而后者是推动经济发展至关重要的因素，放之四海而皆准。英国为此推行了一个项目，增加政府的资金投入，支持高校的研发工作。而当英国高校争取这笔政府资金的时候，作为项目合作伙伴的许多民营商业公司愿意提供更多的资金，至少是政府资金的两倍。这个计划仅仅推行了一年，就筹集了超过10亿英镑的研发资金，民营公司贡献了其中三分之二以上的资金，希望借助高校的平台开展他们所需要的研发工作。其中不仅有英国的公司，还有一些其他国家的公司，华为公司就参与了这个项目，提供了设备方面的资助以进行互联网方面的研究和开发。由此可见，高校对于经济增长而言是非常重要的。

高校还扮演着另一个非常重要的角色。在21世纪，我们面临着一个亟须应对的挑战，就是要保证尽可能多的人能够有机会从经济增长当中获益，也就是要消除社

---

* 上海论坛2015开幕式主旨演讲。

会不公，实现机会均等，像中国所倡导的那样，建设和谐社会。英国曾经分析过造成社会不平等现象的主要原因，其中一个非常重要的因素，就是教育程度的差异，也就是一个人是否接受过高等教育造成的差别。一个人如果接受了高等教育，也就具备了更高质量的人力资本和技术资本，就更有可能从技术的发展和经济的增长中受益。如果一个人没有机会接受高等教育，那么其生活质量的提高、成功就业的机会以及职业生涯的规划，都将会不幸受到很大的限制。所以英国上届政府（2010年5月—2015年5月）推出了政策，要消除阻碍更多人接受高等教育的因素。而中国在年轻人中普及高等教育的不懈努力，则令人感到鼓舞。

教育，尤其是高等教育，能够帮助我们理解和把握更多影响经济发展的关键因素。其中一个重要的影响因素，也是现在一个日益明显的趋势，即贸易不再仅限于制造业，而将扩展到服务业，而服务业当中就包括教育行业。在英国，我们对中国的第二大出口产品就是教育，英国非常欢迎中国学生前来学习。当我们展望中国乃至世界未来的发展，就会看到国际化所带来的机遇，包括教育的国际化、医疗的国际化、广泛社会关怀的国际化。还有建设全新的养老金制度的相关建议以保证人们退休后高质量的生活，这对于国际社会来说，也是一个非常大的挑战。在20世纪下半叶，国际社会面临的主要挑战就是如何消除制造业贸易中的障碍，而现在我们面临的挑战则是如何消除服务业贸易中的障碍，我们要实现服务的交换，让更多人不受地域的限制，享受最高质量的服务。因此，服务业贸易的增长，将是世界经济中一个非常明显的发展趋势。

还有一个重要的趋势就是城市化——城市人口的比例正在不断提高。英国作为最早经历城市化的国家，在19世纪50年代，就已经有一半以上的人口聚集在城市。从全球整体来看，我们刚刚完成了城市化的历程，从2008年开始，全球城市居民的数量超过了总人口数量的一半。如何让城市更加高效地运转，将成为非常关键的一个挑战，因为居住在城市的人口越来越多，这个趋势还在不断地继续。学习好的城市管理经验非常重要，比如说上海就是一个管理得很好的城市，值得借鉴。如何管理一个快速发展的城市是一个很重要的课题，我们应分享在这方面所积累的专业知识和经验。伦敦是西方国家当中少数仍在高速发展的城市之一，现在人口大约在一千万左右，英国因而也非常清楚，管理不断增长的人口意味着怎样的挑战。为了城市化的完善，我们也考虑到了基础设施的建设，为人们共同生活带来便利。事实也证明了，在城市里，在这个人们能够聚集在一起的地方，创新发展将会生机勃勃。城市因而将成为 21 世纪最重要的创意和思想的诞生地，尤其是那些拥有着世界一流学府的城市。

无论是国际服务业贸易的发展，还是城市功能的发挥，都需要完善的基础设施建设作为支撑。现在我们不仅需要物理意义上的基础设施，也需要知识的基础设施，二者都极为重要，知识的基础设施还会支撑和推动物理意义上的基础设施发挥更佳的效能。特别重要的一点是，我们需要建立统一的标准，让驱动新经济发展的高科技设备能够相互连接，促进交流。上海已经开始关注物联网这个课题，物联网有强大的功能和巨大的潜力，因而建立统一的标准非常重要。如果能够让住所的供暖设备、汽车上的 IT 系统，还有控制银行账户的 IT 系统等，都使用统一的技术标准，这样就能够相互连接，沟通交流。这也是我们要加强合作的一个方面，是一个非常前沿的话题，大家要有达成统一标准的共识。如果没有统一的标准，我们就无法充分地共享经济发展和技术进步带来的益处。

几周前刚刚当选的新一届英国政府，面对国际经济发展的新挑战，提出了一些观点。这届政府对于英国经济的发展有很大的雄心，认为在接下来的 20 年当中，英国能够成为欧洲最大的经济体。考虑到其有利的人口结构、不断增加的人口数量、年轻人在总人口中比例的提高、劳工市场的灵活性、劳动人口中青壮年劳动力所占的比例较高，英国应该完全有可能成为欧洲最大经济体。当然英国也有其弱点，需要其保证劳动力的工作效率，不断提高他们的生产力。英国希望在其发展的过程中，能够和中国建立开诚布公、和谐友好的合作关系。英国对中国抱着开放的态度，期待亚投行（AIIB）能够获得成功。英国也希望看到欧元区的成功，希望欧元区能够重整旗鼓，成为欧洲乃至全世界经济增长的引擎。所有能够促使欧元区解决自身问题、成为最优货币区的举措，英国都将鼎力支持。作为欧盟的成员，英国会继续进行协商，改善欧盟内部关系，不仅要保证英国独特的经济模式能够得以保存和增长，更希望欧洲作为一个整体，在全球经济中能够更加具有竞争力。英国希望这一系列协商能够圆满成功，这样在日后参与欧盟事务时，将具有一个更加完善、坚固和长远的基础。英国作为欧盟成员的理由也更加充足。

英国也参与了欧盟内部有关创新重要性的全面讨论，并且已经在一些关键技术方面增加了投资。这些关键技术对于经济发展而言非常重要，包括IT技术、数字技术、互联网技术、机器人及自动化技术、物联网以及人工智能等。然而，还有更加非比寻常的一个发展，就是技术的融合。在剑桥大学，我们可以看到IT技术与生物技术的结合，当这些不同领域的技术相互融合时，我们能够在许多关键领域看到令人鼓舞的机遇。这个时代值得期待，各国代表因上海论坛的举办，从五湖四海聚集而来，希望大家能够携起手来，共同维护全球的繁荣、人类的进步。

欧盟和中国携手共进，促进欧亚关系进一步发展 *

受访者：Enrico Letta　意大利前总理，巴黎政治大学国际事务学院院长
采访者：陈志敏　复旦大学副校长

陈志敏： Letta 先生，欢迎您莅临上海论坛。意大利举办了 2014 年亚欧首脑会议，而您也参加过 2013 年 G20 峰会。中国是 G20 今年的举办国，不知道您对中国有什么建议？

Enrico Letta： 首先，中国最主要的任务是恢复 G20 的影响力。G20 诞生于全球金融危机关头，是各国领导人开展对话的平台。在第 8 次至第 11 次会议期间，G20 确实发挥了非常重要的作用。在 G20 会议上，各国领导人专注于解决问题，并分享价值观和理念，效率非常之高，而现在效率却降低了。但我们也必须承认，G20 是各国分享危机解决方案的好地方，它能够让全球重新步入正轨。正如 G20 成立时那样，G20 必须是世界的中心，它必须高效运作，专注于解决问题，并与时俱进。在 G20 会议中，讨论当前政治领域最热门的问题非常重要，同时，G20 也需要为各国启动项目和长期计划，并共享及参与其他国际组织和国家提供的平台。所以，世界各国都在关注中国将在 G20 举办期间展现怎样的领导能力，因为我们需要 G20 变得更好。今年，中国的领导能力可以实现这个目标。

---

* 上海论坛2016高端访谈。

陈志敏： 两天前，日本开始举办 G7 峰会。G7 自诩在领导世界各国应对全球挑战方面，有着极其特殊的责任。那么，您怎样看待 G7 和 G20 的关系？

Enrico Letta： 我的观点很清晰，我认为 G7 不是引领全球的对话平台，虽然之前它可能承担过这样的角色。G7 更倾向于是西方国家发现自我的场所，在我看来，G20 才是起决定性作用的。而 G20 与 G7 最大的不同在于 G20 可以高效运作，全球现在充满着空洞的承诺而缺少决定，G20 因其做出的决定而显得重要。我记得 G20 曾经在处理危机时做过一个决定，是一个关于削弱贸易保护主义的决定。G20 在危机中发挥了极其重要的作用，在全球经济危机发生后，它积极采取措施，弱化了贸易保护主义。另一方面，G20 致力于打击避税天堂，这是十分实际的作用。我认为 G7 是 G20 下面的一个很重要的组织，但 G20 才是世界各国必须分担责任并且所有国家在环境、发展、移民、金融、经济等重要领域承担各自责任的地方。我再重申一次，哪个组织更重要，取决于它能否做出实质性的决定，现在这个世界充满了太多空洞、笼统的声明。

陈志敏： 您谈论过很多关于欧盟现状的话题。在中国，至少有两个问题得到了民众的特别关注。其中一个问题是难民危机。我们了解欧盟已经和土耳其达成了协定，以对土耳其的签证发放换取更强大的政策控制。我们也了解到，该协定还未得到有效实施。您是否有解决难民危机的更好途径？

Enrico Letta： 难民危机是第二次世界大战后欧盟面临的最严重危机。首先，难民危机带来的损失及其规模史无前例；其次，危机的出现出乎意料。在我看来，这是欧洲国家犯的一个极大错误，因为显而易见，叙利亚战争会带来这样一场灾难和苦果，而且在政治上，我们也没准备好。因此，这场突如其来的危机将造成许多问题。首先，德国接收了大量难民，但难民给德国制造了很多麻烦，让欧洲其他国家的民众发出许多不同声音；其次，英国留欧或退欧与难民问题有关。面对突如其来的麻烦，欧盟和其他欧洲国家显然没有准备好怎样长久解决难民问题。所以说，难民危机是一个不断升级的问题，首先是与土耳其达成协定，在其他人看来是一项重要协定，但我认为不是。我认为达成这项协定非常错误，因为这意味着关上难民前进的大门，如果我们不能解决难民移民这一根本问题，在关上一扇大门时，他们会去寻找其他大门，也就是说，难民危机仍然没有得到有效解决。所以我们必须构建解决问题的整体框架，首先是在欧盟 20 个国家建立积极接纳难民的程序；其次我们需要与难民所属国达成难民解决计划；最后，找出解决叙利亚冲突的有效方法。如果欧盟面临的难民问题始终无法得到改善，难民涌入问题会始终以一种失控方式继续存在，地中海也会成为世界上最糟糕的地区。

陈志敏： 您提到了英国退欧问题。我知道您个人非常支持英国留在欧盟，所以您认为英国退欧的原因和后果将是什么？我听说一些欧洲人可能非常乐于见到英国离开，因为他们认为英国离开后，英国不会再拖其他欧洲国家的后腿，让其他欧洲国家可以快速前进。

Enrico Letta： 这种观点非常短视，英国并不是让欧盟不完整的唯一罪魁祸首。实际上根据我的经验，许多国家出于国家自身内部的某些原因，故意把英国描述为阻碍欧盟统一进程的障碍。英国在欧洲扮演了极其重要的角色，我可以举三个例子。第一个，欧盟内部的自由化——单一市场（single market），是欧洲（共同体）委员会与英国合作的杰作之一，英国是欧盟各国施行单一市场、自由化和无边界自由贸易制度的强有力支持者。第二个例子，英国始终支持欧盟在全球贸易中达成自由贸易协定。最后一个例子是安全政策，英国坚定支持欧洲国家积极参与国际事务，并保持强硬态度。这就是为什么我说英国留在欧盟对于欧盟非常重要。那么英国脱欧的后果是什么？首先，脱欧对英国而言将会是一场灾难，因为考虑到脱欧后，苏格兰可能会离开英国，英国会因此分裂。此外，英国可能不再有能力保证伦敦的金融中心地位，而伦敦长久以来一直是世界上最富有的经济市场，全球金融中心的地位也许会移至欧洲其他城市，例如法兰克福、巴黎或米兰。另外关键的一点是，欧盟也将损失惨重。若欧盟重要成员国离开，中国会怀疑欧盟是否成功，进而引发对欧盟这个项目本身的质疑。在我看来，英国脱欧将是欧盟衰落的开始。

陈志敏： 欧盟正在构建新型全球安全体系，您是否觉得欧盟在创建安全体系的过程中，从过去的欧洲周边稳定及制定新战略的教训中学到了一些东西，不会再犯同样的错误？

Enrico Letta： 我希望欧盟不再犯错误，但我不确定，因为我们面临美国的全球战略和地中海战略的巨大改变。显而易见，美国的态度发生了变化，而这意味着，欧洲各国需要更加积极主动地参与全球事务，因为我们不能总是等待美国保护伞——一种美国式解决方案。在叙利亚，我们就是一直在等待美国式解决方案，但问题来临时，却没等到美国人。所以我们必须重新考虑我们的战略，我们需要更加积极主动。关键问题是，公众舆论并不完全支持积极主动的外交和防务政策，我认为原因在于，我们从未向民众解释为何我们需要这种政策，直到现在我们才开始解释。上个月在欧洲发生的恐怖袭击说明，我们在确保欧洲周边安全方面需要更加积极主动，我们需要与中国和世界的其他大国展开合作，共同打击恐怖主义。恐怖主义给欧洲带来的威胁是前所未有的，我们需要保证民众的安全，避免上次的事件再次发生。总而言之，全球威胁需要全球解决方案。

陈志敏： 您提到了美国因素，我们知道美国总统大选有两个候选人，我了解到的是大多数欧洲人不喜欢唐纳德·特朗普。您觉得特朗普先生是否有赢得大选的可能性？欧盟-美国关系以及TTIP（跨大西洋贸易与投资伙伴协定）的未来走向会怎样？

Enrico Letta： 我猜不到美国投票选举结果。如果唐纳德·特朗普赢得选举，会让我大吃一惊。我尊重也热爱美国，所以我无法接受唐纳德·特朗普赢得选举这样的结果。你知道，不仅是美国，欧洲各国都对民粹主义的发展感到震惊，因为民粹主义对人类社会是不利的，是全球化和危机的产物。特朗普是民粹主义的领导人之一，只是之一而不是唯一的领导人。这些民粹主义的领导人为全球化进程中的失败者发声，并获得他们的选票。民粹主义的领导人认为全球化进程带来了失败者和成功者，他们知道他们的国家存在很多失败者。当今，在西方国家的政治领域存在这样的分裂，而这些民粹主义的领导人正在利用这种分裂。民粹主义是网络和社交媒体发展的产物之一，随着社交媒体的发展，民众更加强大，因为他们发出的声音有更多人听到，结果造成党派、记者、智库和议会这些中间媒介不再有用。领导人更多地直接和民众对话，特朗普就是利用了这种方式。难以置信，他居然侮辱拉丁美洲人，侮辱穆斯林。在美国有许多拉丁美洲人、穆斯林和女人，但他仍然我行我素，而且还可以获得众多选票。这真的是非常奇怪的事情，一件从未见到过的新鲜事情。我们希望美国大选后，希拉里能够获胜，随后希拉里作为美国总统，能够加强美国和欧盟之间的关系。因为美国和欧盟之间关系是否和谐，对全球稳定至关重要。

陈志敏： 但即使是希拉里，她也似乎对 TTIP 谈判非常保守。所以，如果她赢得大选，您认为她会怎样对待 TTIP 谈判？

Enrico Letta： 如果听到希拉里对 TTIP 持有谨慎态度，我会感到很惊讶。你知道，这不仅仅是美国遇到的问题，欧洲社会也遇到了相同的问题。当今全球存在一种担心，担心自由贸易会给社会的穷人和弱势群体造成伤害，这也是为什么我们需要在谈判过程中更加公开透明。欧盟已经决定在谈判过程中，完全公开任何有益的内容，但在欧洲仍然有很多人感到很担忧。所以我对于谈判进程不是特别乐观，我们还需要克服许多障碍，民众也需要理解 TTIP 谈判并不意味着降低对消费者的保护。我们必须区分保护主义和保护的含义，这两个术语的含义是完全不同的，在与民众沟通的过程中，也非常有必要告诉他们这两个词语的含义。

陈志敏： 让我们回到欧盟-中国关系上，最初中国的"一带一路"倡议确实没有包含欧洲，但我认为，在"一带一路"倡议的最后实施阶段，欧洲必然会成为该计划的重要组成部分。谈到基础设施项目，在中国的"一带一路"倡议中，您怎样看待中国-欧盟合作框架的发展前景？

Enrico Letta： 首先，欧盟一直欢迎中国实施的计划。尽管亚投行会面临很大的考验，但欧盟仍决定投资并加入，因为我们相信中国在未来将扮演极其重要的角色。而且如果中国和欧盟能够展开合作，能够共同承担责任，而不是实施单边计划，那么中国扮演的角色将对全球事务发挥积极作用。这就是为什么我们认为中国和欧盟之间开展合作非常重要，中国和欧盟需要继续开展合作，这是分享项目评估结果与方案以及发现共同项目的最佳途径。我对此非常乐观，因为我看到了中国乐于与欧盟开展合作的积极态度，中国在 G20 举办期间展现的领导能力，将是这种稳定和成功的体现。

陈志敏： 在过去几年，中国和欧盟之间的关系似乎很平稳，也许是因为中国和欧盟之间没有出现较多刺激的事情，当然也没有出现较多麻烦。但是今年（2016 年）我们遇到了一些问题，即所谓的市场溢出效应。2016 年年末，中国应当被给予完全市场经济地位，但是最近，欧洲议会提出了一个决议，认为不应当承认中国的完全市场经济地位。而在 2016 年年末，欧盟将做出决定，那么您认为今年欧盟的决定最终会是什么？

Enrico Letta： 你说到了重点，这个决定对于 2016 年来说非常重要。决定是否给予中国完全市场经济地位的最后期限即将来临，在我看来，因为这对于中国和欧盟而言，关系到双方的共同利益，所以我们需要找出符合双方共同利益的解决方案。制造麻烦并不符合欧洲国家的利益，我认为逐步实现自由市场也符合中国的利益。我们必须明白，我们正处在一个欧洲公众舆论影响巨大的时期，而且欧洲公众也反对与美国以及世界其他国家，包括中国，进行自由贸易。而且，我认为中国和欧盟在承认完全市场经济地位上遇到麻烦，是因为相关的司法和联盟框架历史比较久远，也许"市场经济地位"是较为陈旧的术语。一种可能的解决方法是重新架构欧盟与其他国家的关系，当然，欧盟也必须与中国一起努力，寻找解决生产能力过剩问题的方案。例如钢铁行业，当前欧盟在钢铁行业也面临较大的失业问题，我们应该敏感地对待这些问题。但我仍然保持乐观，我相信不管现在情况如何，欧盟和中国最终会达成共同协定的。

陈志敏： 去年，您决定暂时离开意大利政坛，去担任巴黎政治学院的巴黎国际关系学院（PSIA）的院长职位。您对在法国和世界创建一流国际关系学院的观点是什么？

Enrico Letta： 过去我就相信，而现在更加坚信，现在和未来的世界会怎样，将取决于我们的教育。教育对于未来，对于人与人之间互相了解并理解非常关键，教育也是人与人之间创建联系并消除隔阂的钥匙。教育可能是最重要的政治活动。我离开了政坛，但我参与了具有更大政治价值的事业，那就是教育培训。我很高兴，我们的大学与中国的大学保持着极其广泛和积极的联系，我也很高兴看到亚洲学生，包括中国学生参加了我们的课程。在欧洲，有很多关于国际关系的不同想法，而教育会构建一种透过表面现象看到问题本质的不同途径，通过教育赋予的不同方法，认识新朋友、新文化，让我们更具有创新精神。对我来说，能参与这样的工作是我个人的巨大人生际遇。我也对未来更加乐观，因为我和这样一群20岁的年轻人在一起工作学习，20岁的年轻一代，是我们可以信任的一代，因为他们有更加开放的观念和更好的价值观。这一代年轻人，我们也称之为巴塔克兰一代（巴塔克兰是法国的剧院，曾经受过恐怖袭击，大约100人丧生），许许多多来自全球各地的20岁年轻人，来到巴黎进行学习，分享生活和价值观。那场恐怖袭击是让人极其悲痛的事件，但这也解释了为什么我们需要对恐怖袭击作出反击，以及为什么如今教育是如此重要。

陈志敏： 您在32岁的时候，就任意大利总理职务，推行欧洲政策。人们说您是全世界最年轻的总理，而且是意大利历史上第二年轻的总理。现在您和青少年有了更亲密的联系，我想向您请教，您对今年夏天的Y20峰会有什么建议？Y20峰会是复旦大学为G20峰会组织的论坛，是青少年表达他们观点的舞台。您想向来自G20国家的青少年代表传递什么信息？

Enrico Letta： 过去我们组织青少年论坛时，更像是在告诉我们的青少年们，将来等你们长大时，你们会爱上权力。如今，随着网络和社交媒体的发展，如果你坚信自己的观点，无论你的年纪有多大，你都有可能在一两年内成为国际事务的重要参与者。我的意思是，我们必须为使用社交媒体和网络做好准备，因为我们现在是在一个完全陌生且更加灵活的世界，信息更新得更快，思想传播得更迅速。青少年的观点甚至可以决定国际事务的处理方式。在我看来，这是教育和世界面对的主要挑战。你知道，在我上学那会儿，我们的问题是怎样寻找和分享信息，而如今问题不在于寻找信息，而是怎样在已有的巨大海量信息中生存下来。光使用 Google 查找学术资料是不够的，学校需要提供结合实践、经验、研究以及怎样度过危机的教育。当今的世界危机四起，我们必须培训青少年，也包括我们自己，要把处理危机的能力发展成一种寻常的生存技能，这是我向青少年以及那些按照我的观点践行教育的人所要传达的最重要的信息。现在有许多有趣的话题，例如领导 G20 面临的挑战、怎样思考及反思新社交媒体世界中的国际关系等，我很肯定，那些参加 Y20 峰会的青少年们，将会很乐于在这些话题上分享他们的观点。

陈志敏： 感谢 Letta 先生阐述的所有观点。祝您在上海旅途愉快。

东盟与中国：完善区域体系，深化合作关系 *

受访者：Susilo Bambang Yudhoyono　印度尼西亚共和国第六任总统
采访者：吴心伯　复旦大学国际问题研究院院长、复旦发展研究院副院长

吴心伯：在2015年年底，东盟共同体正式成立。展望未来，东盟面临的挑战有哪些？您怎样描述印尼在东盟所起的作用呢？

Susilo Bambang Yudhoyono：东盟成立于1967年，其成员国不断扩充，现已成为一个地区性组织。2017年东盟将迎来它的五十周年纪念日。东盟的优势就在于，东盟重视处理东盟内部的各种议题和问题，强调团结、合作、达成共识及妥协互让的价值理念。如果你问我，东盟成为一个独立的共同体之后面临什么样的挑战，我会这样回答你：东盟设有三个事务委员会，即东盟经济共同体、东盟政治安全共同体、东盟社会文化共同体。

就东盟经济共同体而言，在我看来，未来几年里的问题和挑战就是，如何整合东盟所有成员国中更多的经济体，通过更加有力的整合，我相信东盟经济共同体中所有经济体能够进一步增强。因此，就贸易和投资、旅游及其他规定和政策来说，我们要做的事情还有很多。要知道，东盟中还有很多不同层面的经济体，我们可以看到，排在前面的是新加坡、马来西亚和印度尼西亚，同时我们还有其他国家，像

---

* 上海论坛2016高端访谈。

老挝和柬埔寨。因此,我们的挑战就是如何确保我们的政策、目标和法规能够惠及东盟的所有成员国。

就政治安全共同体而言,东盟不得不团结一致。该地区是非常不稳定的,包括针对南海归属的争议,各方之间都有争议,例如,在中国和越南之间及在中国和菲律宾之间。所以,东盟必须成为解决争议的一部分。一方面,建立并保持与中国的关系;另一方面,在寻求合适的解决方案时,鼓励越南和菲律宾和平地处理问题。因此,在政治和安全领域,本着维护东南亚和东亚的和平、稳定和秩序这一宗旨,如何确保所有争议能够和平地、恰当地得到解决,将是东盟面临的又一挑战。

印度尼西亚确实是东盟成员国中最大的国家,但我们更加推崇"集体领导"。很多人称我们为"老大哥",但是实际上我们愿意公平地坐下来谈判,并一起寻求解决方案。我认为,大家必须鼓励东盟中的其他成员国继续共同努力,共同解决这一难题。我可以肯定地说,东盟仍然能够在亚洲发挥重要的作用,在经济发展过程中,东盟仍然发挥着不可替代的影响力。

吴心伯: 印尼如何看待中国的崛起?你如何评价当前中国和印尼之间的关系呢?

Susilo Bambang Yudhoyono: 关于中国的崛起,不同国家有着许多不同的说法。我们希望中国能够和平崛起,而不会对他国构成威胁。就印尼和我个人的感受来看,中国的崛起是自然的、真正在发生的一件事,我们要做的是同中国建立更好更牢固的伙伴关系,以进行更密切的合作。基于此,并考虑到中国的经济规模,双方的合作必将更加成功。我们能够整合我们全部的贸易和投资资源,及其他领域的各种资源,让我们欢迎中国的崛起吧!我相信,中国将会和我们印尼和本地区其他各国携手并进,繁荣发展,使所有国家从中共同获益;我也相信,中国同本地区各国都有义务维护本地区秩序,促进和平稳定发展。

实际上我们拥有一个良好的架构,即中国-东盟合作伙伴关系。除了本地区各国与中国的双边关系外,我们还拥有另外的架构,例如亚太经合组织(APEC)、东亚峰会(East Asia Summit)等,在这些框架下,各国应该认识到中国正在崛起。伴随着中国的崛起，中国将会对本地区所有国家带来益处，我们应当邀请和欢迎中国和东盟各国携手并进，共同繁荣。

在我担任印尼总统的 10 年间，中国和印尼关系发展得非常好。我和时任主席胡锦涛一起将我们的关系提升为战略伙伴关系，习近平主席又将其提升为全面战略伙伴关系。这两件事情非常重要，因为我们两国在双边关系、贸易、投资、旅游、安全合作等各方面都得到了实质性的提升。所以，我当然希望我的继任者佐科·维多多（Joko Widodo）能够进一步与中国保持更好更牢固的关系。

吴心伯：在亚太地区，中美的确存在地缘政治和地缘经济层面的竞争。有关竞争问题，您有何看法？对于这种情况，东盟应该做出何种回应呢？

Susilo Bambang Yudhoyono：你刚才提到了两个重要的名词，地缘经济和地缘政治。如果你要谈论地缘经济的话，我们要谈一下经济竞争，这是一种很普遍的现象，对此我们已司空见惯。而如果我们谈论地缘政治，我们要谈到地缘政治层面的竞争、冲突或对峙。我很乐意介绍我的解决方案：我们为什么不能建立一种地缘经济合作关系，及地缘政治合作关系呢？以中美为例，两国之间的确存在着竞争，关系紧张，正因为这样，我希望两国能够很好地管控这种紧张局势。如果你们不能消除这种紧张关系，那么我认为你们不得不很好地管控它，控制紧张程度，阻止其逐步升级到我们都不希望看到的局面，升级到大家都不希望发生的事情。在处理这种持续的紧张局势或差异时，你需要将经济、投资、贸易和其他合作整合起来，在我看来中美一起可以做很多事情，如果中美双方能一起紧密合作的话，那么所有国家都会欢呼雀跃。相信我，我们地区所有国家都是中美的好友，对于我来说，这是个利好消息，这就是为什么我个人一直都希望中美能够成为解决紧张关系的一部分，这一进程对于加快东盟经济增长、维护东盟的稳定和秩序而言，都起着十分重要的作用。这就是我的期望，东盟能起到积极作用，因为东盟是中美双方的好朋友。

吴心伯：与 21 世纪的前十年相比，在过去的几年中，东亚区域合作已明显减速慢行。您怎样预测东亚区域合作的未来，以及您对中国在东亚区域合作中的作用有什么期望呢？

Susilo Bambang Yudhoyono: 是的，我同意东亚区域合作确实是非常重要的，在这些合作中，中国自然属于领导者。虽然我们现在有了亚太经合组织（APEC），但是跨太平洋合作伙伴关系同样也十分重要，对于我来说10+3合作同样也十分重要。在建立互信关系方面，我们需要做的事情还有很多，我们不应该允许双方之间长期不坦诚相待，这就是为什么我们需要有更多的对话、更多的磋商、更多的建立信任关系的方法，因为只有这样，我们才能够降低双方之间不断持续的信任危机。一旦我们克服了信任方面的障碍，或许我们就能够看到怎样才能建立更好的地区性架构，这一架构会包括进东亚所有的国家，以及10+3合作。我们大家需要做的事情还有很多，但是解决问题的关键还是在于中国和美国，或许还有东盟，当然我们也应当取得日本、韩国和印度的赞同。我对东亚区域合作未来这几年持乐观的态度，如果我们确实乐意坐下来谈判，并建立更好的地区性架构的话，那么东亚不仅会维持稳定和平的发展状态，而且其经济也会快速增长。

吴心伯： 在您的总统任职期间，您对我们双方之间的关系做出了巨大的贡献。在您与中国领导人接触的经历中，给您印象最深刻的是什么？

Susilo Bambang Yudhoyono: 我认为领导人之间的私人关系是十分重要的，因为我们不仅有正式的外交，还有非正式的外交。我非常荣幸，因为我与胡锦涛主席和温家宝总理的私人关系非常好，因此，我们可以一起坐下来开诚布公地交流，在增强和扩大我们的双边关系方面寻找机遇。有时正因为我们私交非常密切，一些看起来很难解决的事情，我们总能够找到恰当的容易解决的途径，不仅如此，我们还能够找到更多的机会来促进我们的双边关系。虽然我与习近平主席只有短短两年的交往，我同样也能与习近平主席保持非常密切的私人关系，这种密切的关系肯定会一直保持下去，并且我希望我的继任者佐科·维多多同样也要这样做。在我看来，正因为我们之间保持密切的关系、亲密的友谊，两国之间才能更进一步增强并扩大双方的合作关系。

吴心伯： 总统先生，这是您第一次参加上海论坛，而2016年是上海论坛创办的十一周年，您能否就本论坛谈一下您的期望呢？

Susilo Bambang Yudhoyono： 是的。重新认识了本论坛的作用、宗旨和倡议之后，我确实希望本论坛不仅会给每个人、每个国家带来切实的利益，而且也能成为解决争议和发展进步的一部分。我不得不承认，当今世界面临着许多难以解决的问题，争议双方缺乏理解和互信，往往产生误判及错误估计。我希望上海论坛能够邀请来自世界各国的利益当事人、政治家、商人、学者，让他们坐下来，一起讨论，解决我们共同面临的挑战。我希望我们能够找到解决方案，找到一条出路，能够邀请更多的国际政要，在上海论坛创办宗旨的倡议下，一起思考未来的出路。我希望，我能够尽我所能为未来上海论坛贡献自己的一份力量。

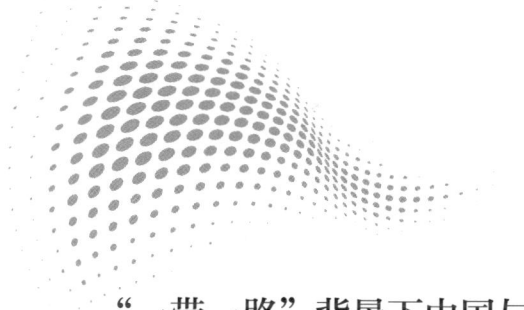

"一带一路"背景下中国与中亚的关系 *

演讲者:Temir Sariev 吉尔吉斯斯坦前总理

当今世界动乱频频,变化剧烈,世界格局和国际关系也处于动荡之中,全人类都面临巨大的挑战。我们可以看到,目前世界上很多地区经济危机日益频繁,其不良影响的程度也越来越深。同时,对于关键资源的争夺行为也开始出现,而且呈现出跨国的趋势。此外,恐怖主义活动和毒品交易也呈现跨国趋势,但目前并没有很好的跨国方案来应对这一状况。上述问题对于地区协调管理和单独的国家治理都提出很高的要求,需要最大程度的一体化和国际合作。

与此同时,我们也发现与世界潮流相逆的现象:世界上出现了民族保护主义抬头的倾向和政治孤立主义的倾向,对于发展中的小国来说,这个感觉是非常明显的。发展中的小国优势在于自由灵活度,自由是指商品、资源、技术、人员和资本的自由流通,这样的自由对于发展中的小国至关重要,生死攸关。要保证这样的自由度,关键在于建立一个一体化和协同发展的机制。现在世界上有一个共识:公平的发展

---

* 上海论坛2017开幕式主旨演讲。

是人类发展的基础，公平保证了每一个国家都是世界中平等的一员。但是很遗憾的是，目前我们看到了一系列对自由的扭曲，其责任不仅仅在于发展中国家，其实世界发展秩序的机制也早就应该被重新定义了。安全是其中最重要的问题，它关系着全球范围内的稳定，包括政治、经济、人口、资源等方面的稳定，因此保证安全不再是单个国家的意愿和游戏，更是实现全人类可持续发展的必须之举。

同时，我们不能忽视世界上每种文化的独创性和每个民族的个性，在追求物质文明的同时，不能丢弃人类文明的基础。有些概念是普世的，有着确切的含义，比如公平、道德、自由、责任，但与此同时，我们也要保存每个民族的多样性和特色。

对于全人类来说，一个国家主导世界秩序这样的想法是没有前途的，国家之间继续对抗会加剧冲突，而且冲突会进一步恶化和深化。因此，解决这一问题的唯一途径在于寻找一个对所有国家都有利的双赢模式，各国政府的工作机制都要朝着这个方向努力。首先我们需要合作的智慧，合作的核心在于互相帮助和建立伙伴关系。我们注意到了目前世界对于资源的争夺日益激烈、冲突不断，在这种情况下，也许缓解冲突的最正确途径是找到一种更公平的方式来集约化使用现有能源，同时积极寻找替代能源。

综上所述，目前我们的首要任务是保证世界的安全和稳定，这也是全人类的要求。目前解决世界秩序和冲突的机制效率低、效果差，不能很好地解决问题，必须推出新的顶层设计来满足每个国家发展所需要的基本条件。对于小国来说，这种做法具有重大的现实意义，毕竟世界上没有一个国家，特别是小国，可以长期独立孤立于世界其他国家而自我发展。我们注意到地方保护主义抬头的倾向，但是解决方式只有一个，就是一体化。为此我们需要全球化、跨国间的信任机制，从而形成一个可以公平讨论未来发展的平台。与此同时，我们还需要创造一系列跨国、跨地区和跨种族的机制，解决全人类面临的长期发展的问题。

目前我们正处于技术革命的前沿，这次革命将影响到人类生活的各个方面，包括经济、健康、教育、文创等。不过技术进步不应是分化世界的工具，而应当是人类社会发展的自然结果，技术应当造福人类。世界发展的新形式已经迫使世界秩序在各个层次和领域开始转型，但是改变不应仅仅停留在结构上，更应该在认识上有根本性的转变，即世界新秩序的首要目标是保证各国公平发展，公平永远是第一位的。

美国和中国能够避开"修昔底德陷阱"吗？*

演讲者：Graham Tillett Allison, Jr. 哈佛大学肯尼迪政府学院创始院长

    昨天的这个时候，我在马萨诸塞州主持了哈佛大学毕业典礼。我五十年来的恩师亨利·基辛格也在场，庆祝他的孙女索菲从哈佛毕业。本周日（5月27日）是亨利的95岁生日，所以昨天也提前为他庆祝了生日。在此，谨让我代表哈佛大学和亨利·基辛格教授向复旦的各位同僚们致以问候。

    能够得到邀请是我的荣幸，不过我来到这里不仅是因为得到了参与的机会，我更是来学习的，请允许我说明我希望学到什么。事实上，我想要知道的是美国和中国应该如何避开"修昔底德陷阱"。过去一年中，我一直在观察之前提到的那些结构性变化，也一直在努力想要得到答案，希望在接下来的两天内我们能听到更多的看法。

    按照会议主题——"变动世界中的亚洲责任"，我们要探讨的问题是在这个中美关系趋于紧张乃至危险的时代，美国、中国还有其他亚洲国家该如何看待这两个世

---

* 上海论坛2018开幕式主旨演讲。

界上最强大的国家，看他们如何相互联系，以维持一个延续七十年、诞生了令我们惊叹的亚洲奇迹的国际秩序。那么，美国政府、美国的意见领袖、中国政府、中国的意见领袖，以及其他亚洲参与者究竟能够怎样帮助我们逃脱"修昔底德陷阱"？

我不仅希望分享我的想法，更希望在接下来的两天听到更多其他声音。我在接下来的演讲中要做的就是介绍这本书和书中思路，希望它能启发各位思考在这个不断变化的时代美国和中国该如何摆脱"修昔底德陷阱"。

我大体上要做三件事。首先，我想向在座各位介绍，或者说是重新介绍，一位伟大的思想家；其次，我将提出一个很宏大的想法；第三，我将提出一个非常重要的问题。

既然我们在中国，就不得不提到习近平主席，以及2017年1月他在达沃斯发表的一份声明。他说，大国要尊重彼此核心利益和重大关切，管控矛盾分歧，努力构建不冲突不对抗、相互尊重、合作共赢的新型关系。只要坚持沟通、真诚相处，"修昔底德陷阱"就可以避免。

我非常喜欢这份声明。我很欣赏这种关于新型大国关系的构想，它可以扩展运用到现在关于国际关系新模式的对话上，我也很想知道如今它是如何发展成为习近平主席所说的"人类命运共同体"。但是，我认为所有这些都只是在试图概念化这个问题，到底我们怎样才能逃脱"修昔底德陷阱"。事实上，一位直接为习近平工作的官员在2017年12月在北京的一次谈话中告诉我，他说："格雷厄姆，你认为习主席为什么一直在谈论一种新型大国关系？"他说，这是因为我们认识到旧有的国家关系形式使我们之前的大国不断陷入"修昔底德陷阱"、陷入灾难性的冲突，所以我们必须发明一种新形式。然后我说："好，我相信这是一个很好的题目，现在我们需要的是构思内容，或者如何把它变成可以实行的东西。"

那么首先，谁是我想要介绍的一位大思想家呢？我要介绍的是一位名叫修昔底德的人。学者们对于修昔底德应该已经很熟悉了，不过，在座的学生们对他可能还比较陌生。修昔底德与孔子大概可以算是同一时代的人，孔子去世仅仅几年后，修昔底德在希腊出生。修昔底德是历史学科的创始人，他写了一本著名的书，名为《伯罗奔尼撒战争史》，讲述古典希腊两个伟大的城邦国家之间的冲突如何导致了古希腊文明的崩溃。这本书可以在Kindle或者类似平台上免费下载，我想要建议所有人,特别是学生,去下载它,从只有一百页的第一卷读起,相信每一页都会让各位感到震撼。

所以,修昔底德是一个几乎在书中每一页都有着伟大见解的严肃思想家。事实上,在我的书中,每一章我都放了一句修昔底德的话作为题词,就是为了提醒读者们他有多少有趣和重要的想法。

那么,修昔底德的伟大思考是什么呢?就是"修昔底德陷阱"。这是我在2010年或2011年开始这项研究时创造的一个术语,旨在更生动形象地描述修昔底德给予我们的洞察力。"修昔底德陷阱"是指当一个崛起的大国威胁取代既有的强国时造成的危险动态。修昔底德在2500年前的古希腊写过非常著名的一段话,这也可能是西方国际关系研究中被引用次数最多的一行文字,他写道:"雅典日益壮大的力量和在斯巴达造成的恐惧,是让战争无可避免的原因"。实际上,他所说的"不可避免的"指非常可能,而不是百分之百会发生。

斯巴达是希腊一百年来占统治地位的城邦。公元前五世纪初,雅典在波斯人战败后崛起,并定义了一切。他们定义了戏剧表达,在这方面有索福克勒斯和阿里斯托芬。他们正在创造历史学科,这方面有修昔底德。他们定义了哲学,这方面有苏格拉底和柏拉图。他们正在发明建筑,看看帕台农神庙,你能找到比它更精致的建筑吗?他们还定义了民主,比如伯里克利。当时所有这一切都在发生,斯巴达人看到了,于是他们想,"等一下,这些雅典人会破坏掉一百年来我们处于希腊世界金字塔顶端而其他人处于我们之下的秩序。"

让我们回想一下一百多年前德国的崛起及其对英国的影响。我有一本书,《注定一战:中美能避免修昔底德陷阱吗?》,其中有一个章节"在通往1914的道路上"。英国已经习惯于作为这个世界的百年霸主,这就是日不落帝国,一个区区小岛有一个统治印度、加拿大和南非的帝国,这便是当时世界百年来的秩序。但是,德国在统一之后,特别是在工业化之后,经过一段时间的壮大,到了1900年,已经超过了英国的国内生产总值,到1914年又增加了四分之一,并且它正在建立一支海军。再一次,用修昔底德的话来讲,你可以说德国的日益壮大和这种迅猛发展在英国造成的恐惧,是当时战况最为惨烈的"一战"爆发的主要结构性原因。

而且,我会特别对中国人说,你们再多研究第一次世界大战也不为过,如果你还没有读过并思考过它，你就错过了历史上非常重要的一课。在当时那种情况下，德国没有正确对形势作出判断，"我们越来越强大，与英国的战争将是一个好主意"。不，德国没有人想和英国打仗，英国也没有，他们相信他们不需要与德国开战，他们试图避免与德国的战争，但发生了什么？导火索是一场意外事故，一场公开的挑衅，一名大公在萨拉热窝被暗杀。一件事接着引发另一件事，奥匈帝国觉得他们有必要惩罚塞尔维亚人，俄罗斯人害怕奥地利人会做得过分，德国人支持奥地利人，法国人与俄罗斯人结盟，英国人与法国人纠缠在一起。在一切结束之前，他们都处于战争中。这是一场每个人都输了的战争，如果跳到战争结束的1918年，如果给当时任何一位执政者再来一次的机会，那么他们中没有人会选择他之前选择的（战争）。但是他们都做了（糟糕）选择，战争发生了，这对我们所有人来说都是一个教科书式的教训。

今天，修昔底德图景可以通过中国的崛起来说明。这个国家在过去的几十年中，比历史上任何一个国家都在更多方面发展得更快、更深远。你尤其可以看到中国的崛起对美国、对现在的华盛顿的影响——人们渐渐发现，一个巨大的崛起中的中国正在和美国较量，他甚至在很多方面都超过了美国。中国的崛起好像一直隐藏在暗处，但主要是因为他们没有留意。

因此，在我的书里，我回顾了过去五百年的历史，并且发现16个崛起势力威胁现有霸权的案例，其中12起以战争告终，4起双方没有打仗。所以，说"美国和中国之间的战争是不可避免的"是不对的，但是说这一切发生的可能性不小，那是正确的。所以最终的问题是，美国和中国可以逃脱"修昔底德陷阱"吗？

在书里，我从学术角度出发给出了一个否定和肯定回答。否定就是，如果美国和中国照常进行贸易，照常外交，一切如往，那么我们可以预计到历史将像往常一样发展。在这种情况下历史轨迹可能意味着一场战争，这场灾难性的战争将破坏我们所有的希望和梦想，包括亚洲其他人民的希望和梦想，并且会被后世盖棺定论为一场愚蠢、疯狂的战争。这场战争可能像第一次世界大战一样疯狂，也许比它更为疯狂，所以不行，如果我们像往常一样经营两国关系，我们就无法逃脱"修昔底德陷阱"。但从另一方面讲，答案是肯定的，只有那些拒绝研究历史的人才会重复过去的错误。因此，习近平主席或特朗普总统或他们的继任者没有道理犯下威廉二世、或者伯里克利，或者其他人犯下的同样的错误。

因此，本书的目标不是想要去论证宿命论或者故意悲观，而是想要提醒大家，我们正面临着严重的、危险的结构性国际关系危机，这是目前美国和中国面临的情况。关键在于，我们能否发挥创造力找到逃避"修昔底德陷阱"的方法，我对此报以希望。同时，我非常期待从别人那里听到更多关于如何逃脱"修昔底德陷阱"的思考。

| 下 篇 |

安全：
变动世界中的中国角色

一、变动的世界
二、合作的世界
三、走向世界的中国

变动世界中的中国角色 *

受访者：Shamshad Akhtar　博鳌亚洲论坛秘书长特别顾问，时任联合国副秘书长
采访者：胡　涛　世界自然基金会美国办公室中国项目主任

胡涛： 阿赫塔尔博士，当今世界瞬息万变，您在主旨演讲中提到了亚洲在其中的责任，您认为中国又将扮演怎样的角色？

Shamshad Akhtar： 中国在全球和亚太地区都扮演着重要的角色，其经济政策不仅对国内产生影响，也会波及世界各国。因此，我们首先要理清当今世界经济中存在的主要问题。当前，世界经济走向堪忧，发展不平衡以及保护主义浪潮愈演愈烈，而民族主义正在使得全球治理和多边主义失去功能。2008年的全球金融危机导致经济衰退和失业率的大幅攀升。为保证经济复苏更平衡且更具包容性，有必要加强部门政策框架，帮助发展中国家的边缘化群体摆脱困境，这在重返繁荣的道路上是至关重要的。

在此背景下，我认为中国拉动内需是应对经济危机的一项非常重要的举措，在促进世界经济发展的同时，也能推动国内经济向更可持续发展的模式转变。另外，我们也要意识到，在过去几年里，中国经济迅速从投资驱动转变为消费驱动，完成了综合性的结构改革，包括减贫脱贫、提高人们的生活水平、兼顾环境保护、贯彻

---

* 上海论坛2018高端访谈。

实施《2030 年可持续发展议程》。

简而言之，我认为中国在落实千年发展目标、可持续发展目标的过程中所发挥的积极作用，将对全球经济发展起到巨大的推动作用。因此，中国的发展态势十分重要，因为它将激励和造福区域乃至全球经济。

胡涛： 您认为中国对亚洲地区有何影响？

Shamshad Akhtar： 我认为中国一直在全球治理和多边主义中扮演着重要角色。过去四十年间，我来联合国工作之前，曾在亚洲发展银行、世界银行、巴基斯坦中央银行都工作过，我对多边开发银行比较了解。中国在这些多边组织中一直是一个很独特的声音。随着全球经济的变化，人们期待发展中国家和新兴市场的地位越来越重要。随着中国的崛起，它在国际货币基金组织中的话语权也越来越大。中国不需要从亚洲开发银行或世界银行借款，但中国维持了借贷关系，以支持多边机制的运作。现在中国已经成为一个负责任的区域经济赞助人，它通过亚洲基础设施投资银行和新发展银行这两套新的机制来补充了原有的多边融资体系，它也创立了一些基金用以资助多边倡议。此外，"一带一路"倡议作为一项跨大陆合作，不仅为参与国的跨境和国内项目提供了所需资金，其为深化区域合作和一体化进程所作出的努力，也将为建立更多元化的市场和更具竞争力的跨区域走廊打下坚实的基础。

多元化的市场能够保证走廊沿线国家的繁荣和可持续发展。正在崛起的亚洲及其贸易潜力对竞争者来说构成了威胁，并导致了贸易保护主义思潮。中国在亚洲和其他大洲的投资被视为有雄心的，因为它可以为那些被边缘化的国家提供新的生产和贸易机会。亚洲已经占到全球贸易总额的 40% 和 GDP 的近 30%，它在全球经济中所占的比重使之成为全球经济的推动者。我们知道，高生产力和更多的贸易机会将帮助人们摆脱贫困。所以我认为中国在通过跨境基础设施建设从而加强全球连通性方面所发挥的作用令人称赞，这是促进多边主义发展的一种新手段。与此同时，许多发达国家却渐渐放弃了多边主义，不再在全球治理中发挥作用。

胡涛： 今年将在上海举办中国国际进口博览会，借此吸引其他国家对中国的出口。您对此有何看法？

Shamshad Akhtar：中国必须扩大进口市场。习近平主席所说的"共同繁荣"非常重要，也很微妙。一个国家不能只出不进，双边贸易必须是双向的，必须维护公平贸易的环境。如果你不打开市场，让其他国家，特别是那些低收入国家出口，那么这些已经存在贸易失衡的国家将会面临严重的外部脆弱性。中国也意识到了这一点，正在努力且有能力促进发展中国家的发展，因为中国是一个相当大的市场，而且国内消费正在回升。中国在维持与伙伴国贸易平衡方面发挥的作用是值得我们重视的。

胡涛：中国正积极推动"一带一路"倡议，您对此有何看法？这是沿线国家的机遇还是挑战？

Shamshad Akhtar：首先我认为"一带一路"倡议是机遇。由于国内资金较为匮乏，发展中国家过去必须依靠多边开发银行推动基础设施建设。发展中国家税收占国内生产总值的比例较低，虽然利用资本市场很关键，但在目前的情况下，发展中国家由于生产基础较为薄弱，无法在国内调动实质性的资源。最终，这些国家都必须在国内调动资源，但在此目标实现之前，中国能通过"一带一路"倡议为这些国家提供发展所需的资金，是一个很好的尝试。

一些国家担心中国会过多干涉其他国家，但每个国家都可以独立思考自己想要从"一带一路"倡议中获利多少。没有哪个国家会被强迫加入，但他们都认为基础设施建设有利于国家的长远发展。联合国亚洲与太平洋经济社会委员会一直致力于支持区域合作组织的运作，包括东盟、南亚以及中亚区域合作项目。由于联合国是一个由会员主导的组织，我们会关注每个成员国的声音和利益，并把我们的发展经验和思考推广到各个地区。我们推进技术层面的工作，也培育并建立合作伙伴关系。我们对"一带一路"倡议的参与是建立在成员国的需求基础上的，也做过前期的初步研究。我们强调"一带一路"倡议下的项目必须包含法制，以及社会和环境保障。因为我们是一个政府间机构，拥有六十多个成员国，所以我们支持就涉及"一带一路"的基础设施连通性问题进行公开对话和辩论。为支持"一带一路"倡议,我们已经通过了一些政府间决议。我们还帮助各国发展交通运输走廊、能源走廊、信息通信技术走廊和市场一体化。我们协助完成了一些规范性协定,也鼓励各国减少关税壁垒。这些措施都将对"一带一路"倡议有所助益。因此,"一带一路"倡议无需从头做起,而是应该利用联合国亚太经济社会委员会推动的、由成员国主导的区域一体化和合作的既有框架。已有20个国家签署的《政府间陆港协定》《亚太跨境无纸贸易便利化框架协定》则需要所有成员国的核准和签署。此外,我们从受益于"一带一路"倡议的国家政府那里获取了他们的经验总结和反馈:

其一,接受"一带一路"倡议的国家对中国在该国部署工人感到不安,因为这引起了其本国劳动力的不满。因此,一些国家会抵制外来劳动力的输入。在巴基斯坦,受访的商人中很少有人表示愿意接受中国经理人介绍的新技术和新方法。而在另一个国家,反馈是"接受他们的贷款,但别接受劳动力"。

其二,是对"一带一路"倡议相关国家债务可持续性的担忧,特别是那些债务占国内生产总值比例较高的和债务清偿负担较重的国家。在"一带一路"倡议的背景下,我们必须仔细审查债务可持续性,因为各国之间可能都会有所不同。对于某些亚洲国家来说,主权债务也许是可控的,而另一些国家却不是这样。参与"一带一路"倡议的国家可能会发现中国的借款是有竞争力的,而在其他情况下,如果进口额超过出口额,那么偿还债务可能会非常困难。作为负责任的贷方,中国需要支持债务可持续性分析,提供有竞争力的条款,并促进借贷双方之间的合作。

胡涛: 我的研究团队已经对收支平衡问题做了很多研究,不仅仅是货币,还有环境,我们称之为"环境收支平衡"。我们正试图测量这种现状对环境的潜在影响。我们研究中国,发现中国的贸易投资实际上存在负面影响,这反映在中国当前的发展模式中。但我们也希望将来与其他国家分摊此类费用。

Shamshad Akhtar: 这是一项非常好的倡议。如果你看一下发展中国家,你通过人均收入标准就会发现,人们已经不是那么关注"欠发达国家"这个称呼了。在亚洲，包括中国、日本、韩国、俄罗斯、印度和印度尼西亚在内的这些国家应该为温室气体排放负主要责任。而该地区的另一些国家排放量相对有限，但这并不是说他们就不用关注环境问题了。这就是为什么我提到我们发表的"一带一路"倡议报告已经重点强调了在未来加强环境和社会保障的必要性。

胡涛： 感谢亚太经社委员会对"一带一路"倡议的支持。巴基斯坦是"一带一路"沿线的重要国家，中巴人民之间友谊深厚。中巴之间有一条经济走廊，请问您对其前景有何看法？

Shamshad Akhtar： 如你所说，中巴经济走廊是两国长期互信和合作的体现，中方不干涉别国内政的举措深受巴政府尊重。另外一个原因是两国得天独厚的战略地理位置。同时，巴基斯坦面临一些发展受限问题，需要外部支持。其中一个问题就是缺少基础设施建设所需的资金。一些建设工程十分复杂，比如今年通车的"苏木段"高速公路，没有中国的帮助是无法完成的。如今经济走廊的项目更为广泛，从陆地交通发展到港口联通。瓜达尔港的建设就受到了"一带一路"倡议的大力支持。瓜达尔市位于俾路支省，是巴基斯坦最欠发达的省份之一，急需发展动力。巴基斯坦政府希望将瓜达尔市发展成经济枢纽。中巴经济走廊建成后将带来旅馆、商业和工业需求，使瓜达尔市迅速发展。另一个问题是巴基斯坦缺少能源。现在巴基斯坦投资了许多可再生能源、煤炭和热电厂项目。我们拥有丰富的煤炭资源，但过去从未得到开发。我们还将与中国的一家顶级公司合作开发清洁能源，中国将投资研究这种基于煤炭资源的发电技术。

胡涛： 您曾任巴基斯坦中央银行行长、世界银行中东和北非地区副行长以及国际货币基金组织理事等职，您现在任联合国副秘书长，作为一名成功的女性，能向其他年轻女性提供一些建议或者分享一些经验吗？

Shamshad Akhtar： 我认为女性的成功之路大都十分艰辛。很多女性没有机会接受基础教育和其他一些服务。我的家庭十分看重教育，因此我有机会接受高等教育。

进入职场之后，女性开始面临真正的挑战。就算是在多边开发银行中，女性也很少身居高位，因为存在职业天花板。突破这个天花板并不容易，你必须有足够的耐心，对自己有信心，不要失去希望，并且专注于所做的工作。过去，女性没有接触社会和进入职场的机会，缺乏获取市场信息的渠道，缺乏专业指导也是主要障碍。但现在，媒体和信息科技使女性有机会获得更多关于工作市场的信息和知识。我一直在尝试给女性更多支持，包括引入更多的女性专业人士、为女性提供指导，我希望我能一直继续下去。我想传递给女性的信息是，你要保持专注，通过教育、知识和技能来投资自己，向优秀的前辈学习，让自己慢慢变得强大。

中国特色的大国外交 *

受访者：吴建民　中华人民共和国前驻法大使、中国外交部外交政策咨询委员会前委员

采访者：吴心伯　复旦大学国际问题研究院院长、复旦发展研究院副院长

吴心伯： 吴大使您好，欢迎您参加2015年上海论坛，感谢您接受我的访谈。从2014年以来，我们都在谈论中国特色的大国外交，您作为中国外交战线的一员老将，如何看待中国特色的大国外交？

吴建民： 中国特色的大国外交是习近平主席2014年11月29日在中央外事工作会议上提出来的，我认为提得很及时。有两个原因：第一，从中国来看，我们现在接近了世界舞台的中心，这可能是自1840年鸦片战争以来，中国国际地位最高的时候，过去一百多年时间，我们在世界舞台的边缘，就谈不上大国外交。第二，你既然接近中心，世界也期待你发挥作用，因为世界正处在一个大变化的时候，我们应当建立什么样的世界秩序？2014年10月我到纽约，跟基辛格一起吃饭聊天，他写了本新书《世界秩序》，他提出来，现在在世界上对此议论很多，大家也在期待中国发声，中国的主张到底是什么？因此，我觉得提出中国特色的大国外交是适时的。

---

* 上海论坛2015高端访谈。

吴心伯： 中国特色的大国外交，跟中华人民共和国成立以来中国的外交，它们的共同点在什么地方？又在哪些方面发展了过去几十年的外交？

吴建民： 中华人民共和国成立以来，我们的外交大体有两段：改革开放前是一段，改革开放后又是一段，两段的情况不一样。

改革开放前这一段，从中国的外交来讲，我们认为当时是战争与革命的时代，把支持世界革命放在第一位。我在年轻的时候就听中央领导讲过，外交和革命发生矛盾的时候，外交服从革命。中国革命得到人家的支持，我们也支持人家的革命，我们还主张世界革命，这是当时的思想。中华人民共和国是一个新事物，当时的中国外交政策、外交目的就是要求生存。

1978年以后，中国外交方向随着国内战略方针进行调整，以经济建设为中心，改革开放，外交也由求生存改为求发展。求发展就是要世界和平，之后邓小平几大动作，中美建交，中日签订和平友好条约，中苏关系正常化，邓小平访问了五个邻国：缅甸、尼泊尔、泰国、马来西亚、新加坡，目的是到邻国跟他们讲清楚，我们坚持奉行和平共处五项原则，大家要合作。还有港澳顺利回归，这几个大动作使中国外交赢得了一个很长的和平时期，这就非常成功。

我认为，中国特色的大国外交是要继承过去，又有发展。

继承过去的两点非常明确：第一，看准时代。时代主题从战争与革命转变为和平与发展，这一变化意味着解决了当时世界面临的主要困境。我们的方针与世界是一致的，和平共处五项原则就是发展合作，在双方利益交汇的基础上开展项目，合作共赢。第二，坚持和平发展。这里有三要，三不要：一要和平，没有和平怎么发展？二要发展，很多问题要靠发展来解决；三要合作，中国现代化不能关起门来。还有三不要：一是不扩张，不重蹈西方大国殖民扩张的覆辙；二是不称霸，不学昔日苏联同美国称霸；第三，不结盟，中国不同任何国家结盟。1955年万隆会议十项原则的第六项，不使用集体防御的安排为任何一个大国的特殊利益服务，里面就是不结盟的思想。和平共处五项原则，互相尊重主权和领土完整、互不侵犯、互不干涉内政、平等互利、和平共处，讲的也是这个。所以，不结盟是从我们那时候继承下来的，总结了中华人民共和国成立后与苏联结盟的失败教训，中国今后不能同任何国家结盟。

发展中国特色的大国外交，还要考虑到世界，考虑到中国，考虑到利益。时代的主题变了，这是考虑到世界；中国现在以经济建设为中心，要实现全面小康，这是考虑到中国；将中国的利益和世界根本利益结合起来，这是考虑到利益。

吴心伯： 您刚才讲到，把握时代格局对中国来讲非常重要。中国一般讲究要顺势而为，那么，在当前的时代条件下，我们推进中国特色的大国外交面临的有利条件有哪些？

吴建民： 第一，什么是顺势而为？时代主题变化后，世界形成了和平、发展、合作、共赢的时代潮流。9·11十周年前夕，美国《华盛顿邮报》记者采访我，第一句话就是："中国是9·11的最大受益者，过去十年，中国发展多好，我们就顾着打仗了。"我回答说，你第一句话我不同意，我们不是最大的受益者，关键在我们顺应了这股潮流，你们逆了这股潮流。战争与革命的时代过去了，你们还在打仗，阿富汗、伊拉克、利比亚，结果是越打越乱，你们逆了这股潮流。而中国顺了这股潮流，我们过去三十年大发展就是顺了这股潮流的结果，我觉得我们必须继续顺势而为。

第二，我们面临哪些有利条件？第一，今天的世界有一套以规则为基础的全球贸易体系，譬如世界贸易组织，我们做的东西能卖出去，我们也要买进别人的东西。第二，亚洲正在崛起，我们正处在亚洲。战后亚洲崛起经过了五个浪潮：第一个浪潮，日本，它采取了出口导向型的发展模式；第二个浪潮，20世纪60年代的亚洲四小龙，中国台湾、中国香港、新加坡、韩国；第三个浪潮，七十年代的东盟，印度尼西亚、马来西亚、泰国这几个国家发展起来了；第四个浪潮，中国，中国1978年改革开放，加入了发展的大潮；第五个浪潮，1991年印度开始改革。从计划经济向市场经济走，这是一个痛苦的过渡，我们当年派了很多人去中国香港、新加坡学习，受到很大的启发。2011年，中国同亚洲国家的贸易额达到1.2万亿美元，超过了中美贸易和中欧贸易的总和。我们在亚洲，又是全球经济发展最迅速、最有活力的地方，当然对中国非常有利。

吴心伯： 今天，全球治理面临很多的问题，中国作为当今发展最快的经济体之一，其他国家也对中国在全球治理中发挥更大的作用，有更多的期待。所以，这也为我们大国外交的推进提供了一个较好的客观条件。换一个角度，您觉得我们今天推进中国特色的大国外交，面临哪些不利的条件呢？

吴建民： 讲挑战，最大的挑战是惯性思维。人类历史上几千年都是零和博弈，我得你失，我胜你败，零和思维具有很强大的惯性。现在世界变了，战争失去了昔日之威力，霸权主义、强权政治、丛林法则行不通，这是人类文明很大的进步。但要按照以前阶级斗争为纲的思想、冷战思维，还觉得战争能解决问题，就会把人们的思想引上歧路，看不到当今我们处在亚洲所面临的世界，看不到我们创造的良好条件。

吴心伯： 中国的国力在不断增长，在推进大国外交的过程中，应该如何运用我们的力量？其他国家对此非常关注，对我们自己来讲也是一种考验。

吴建民： 中国人一定要清醒，"中国威胁论"会伴随中国崛起的全过程。第一个原因，全世界72亿人真正懂中国的只在少数，他们会拿历史上的大国崛起作为参照来看中国。历史上大国崛起后都欺负别人，中国凭什么例外？第二个原因，他们会拿苏联对照中国。他们说，习近平主席讲得很好，不扩张、不侵略、不称霸，当年苏联强大起来为什么就扩张、侵略、争霸？它是共产党领导的，你也是共产党领导的，但是他们不知道（前苏联）共产党和（中国）共产党不一样。第三个原因，我们是差不多14亿人的崛起，人类历史上没有过这么多人崛起的先例。中国块头大，一定会打破现存的利益格局，人家就不太开心。

我们对未来的阻力千万不能低估，这时候，一是要有实力。国力不强，就接近不了世界舞台的中心，现在我们接近了，这就是力量的增长。二是要讲道理。什么是软实力？就是要讲道理，讲得人家听得懂，讲得能打动人心。中国的发展和崛起真正能给世界带来好处，一个要靠言论，一个还要靠行动。

吴心伯：这就像我们推进亚洲基础设施投资银行，尽管美国反对，但因为这是个好事情，我们推进这个事情的方式也比较得体，所以最后多数国家，包括一些美国主要的盟国，都还是加入进来了。所以还是刚才您讲的那句话，大多数国家、大多数人，他是讲道理的，他是明白人。中国的外交怎么样能让人接受，就是把道理讲明白，把事情做漂亮，这样就能赢得人心。

前面您讲到关于世界秩序的问题，现在世界秩序也确实处在一个大的转折阶段，特别是中国快速崛起以后，大家都关心中国会对当今和未来的世界秩序带来什么样的变化。那么从您看来，您觉得在21世纪的世界秩序中，中国的地位和作用应该如何界定？

吴建民：中国是世界秩序的改革者，同时也是推动者。应当说，目前的世界秩序中国人是得益的，要不然很难解释中国三十多年的大发展。但是，目前的世界秩序是西方大国的秩序，毫无疑问，这对西方国家更加有利。这里面有一部分是符合经济规律的东西，但也有对西方国家比较偏向的东西，现在国际金融组织的实际控制权都还在西方大国手中。怎么改变这个状况？逐渐改革。渐进，不是革命，我们是改革的参与者，也是促进者。改革是不容易的，改革要损害既得利益者，这时候就要通过讲道理，通过采取行动。亚投行就是一个推动改革的例子，我们这样做了，大家都来推动基础设施，把亚洲建设得更好，亚洲作为全球经济增长中心也会有更大的动力。但是我们心还要更开阔一点，亚投行那么多国家参加，我们希望将来有一天美国、日本也能够参加。

吴心伯：讲到中国特色的大国外交，吴大使本人就是一个非常好的、典型的中国外交成功的案例。您觉得在21世纪，我们的年轻人要投身到中国特色大国外交的实践中，他应该具有哪些基本素质？

吴建民：我觉得有这样一些素质是年轻人必须具备的。第一，要懂得世界，懂得世界现在的潮流是什么。你看世界看错了，不懂得当今国际关系的最大变化是时代主题变了，思想还停留在战争与革命时代，那你肯定不可能做好。第二，要懂得国家，懂得我们的基本方针。我们的外交方针就是坚持和平发展战略。第三，要会讲道理。知己知彼，知道讲什么话人家听得懂，知道讲什么话朋友越来越多，不要讲那种树敌的话，那是愚蠢的。

吴心伯：感谢吴大使接受我的访谈，今天您发表的观点非常精彩，我想很多听众和观众都会感到这对他们的思考是非常有益的，谢谢！

吴建民：谢谢！

构建中国特色的大国外交[*]

演讲者：吴建民　中华人民共和国前驻法大使，中国外交部外交政策咨询委员会前委员

今后的十年，对于中国、亚洲，乃至世界，都是一个非常关键的时期。在这一时期，最重要的是好思想、好点子。希望上海论坛在今后的十年能够通过论坛上的思想碰撞继续产生好思想、好点子，推动中国、亚洲，以及世界的进步。本届论坛的主题是"亚洲的责任"，中国是亚洲的重要一员，中国的外交政策也会影响到亚洲的成长，因此我想就中国特色的大国外交提出三点看法。

第一，"中国特色的大国外交"提出得非常及时。习近平主席2014年11月在中国外事工作会议上首先提出"中国要有自己特色的大国外交"，这个命题的提出非常及时。回顾过去一百多年的历史，今天中国的地位正处于最高水平。过去一百多年里，很长一段时间中国都处于世界舞台的边缘，几乎没有话语权，更谈不上大国外交。然而，2010年中国成为全球第二大经济体，今天的中国毫无疑问已接近了世界

---

[*] 上海论坛2015开幕式主旨演讲。

舞台的中心。今天的世界所发生的变化可能是人类历史上最深刻的。在这样的情况下，世界也在期待中国发挥作用，这个时候提出中国要有自己特色的大国外交是非常及时的。

第二，中国特色的大国外交有两个关键。中国来到世界舞台中心是一个崭新的局面，因此中国特色的大国外交有一个丰富和发展的过程。在此过程中，有三个重要因素需要考虑，第一是世界，第二是中国，第三则是中国和世界人民的根本利益。中国特色的大国外交是基于中国的形势和世界人民与中国人民的根本利益而提出来的。中国特色的大国外交有两个关键：

第一个关键，就是习近平主席在2013年3月提出的"构建以合作共赢为核心的新型国际关系"。回顾1648年的威斯特伐利亚体系，1919年的凡尔赛—华盛顿体系，以及"二战"后的雅尔塔体系，这些体系的共同特点是大国统治世界，小国处于服从和依附的地位。而习近平主席提出的"构建以合作共赢为核心的新型国际关系"则考虑到时代的变化。时代主题已经从过去的"战争与革命"进入到今天的"和平与发展"，时代主题的变化是国际历史上最为深刻的变化。近年来"颜色革命"的失败也说明"战争与革命"的时代已经过去，"和平与发展"指出了今天的世界所面临问题的解决途径。

另外，中国外交始终坚持大小国平等。1949年10月1日中华人民共和国成立之后，我国外交的一条基本原则就是平等。中国人一百多年的奋斗就是为了取得一个与其他国家平等的地位，因此我们独立以后也会平等对待其他国家。大国、小国、强国、弱国，在世界上都应有平等的地位。

第二个关键，中国将始终不渝坚持和平发展的战略。具体含义可概括为"三要""三不要"。"三要"为要和平，要发展，要合作。和平是发展的前提，没有和平，发展也无从谈起。中国过去三十多年的大发展是在和平的条件下实现的，这三十多年可能是中国自鸦片战争以来最和平的三十多年。对于国家来说，起决定性因素的就是发展，没有发展更谈不上其他。合作是中国实现现代化必不可少的一步，关起门来不可能实现现代化，只有通过国际合作中国才会取得大的发展，这就是邓小平提出改革开放的深远意义。中国过去三十多年的发展，就是在这样的框架下实现的。

"三不要"为不扩张，不称霸，不结盟。中国正在崛起，中国的崛起是14亿人的崛起，在人类发展史上几乎没有14亿人崛起的先例。"不扩张"，意味着中国的崛起绝不重蹈西方大国殖民扩张的老路，那是一条死路，中国绝不去走。"不称霸"，意味着中国决不会重蹈前苏联的覆辙，决不会同美国争取世界霸权或是搞军备竞赛，这些都是不符合中国和世界人民的利益的。而"不结盟"，则是我要重点讲的第三点。

第三，坚持不结盟。最近从美国刮来一股风，这一股风刮到世界，刮到亚洲，刮到中国，说是新的两极格局正在出现，一方是美日同盟，另一方是中俄同盟，而这一两极格局将引发新的冷战。在此之前需要明确的是，历史上的两极体制和冷战是如何出现的。

冷战以北约和华约两大军事集团的对峙为基础。1991年华约解散，但是北约依然存在，甚至在冷战结束后从16个国家扩大到了28个国家。前不久日本首相安倍晋三访问美国，敲定了日美安保合作的新指针，可见美国与日本的军事同盟依然存在。然而，中国却并没有同俄罗斯结盟。中国人坚持不结盟的原因主要有三：

首先，考虑到时代主题的变化。在"战争与革命"的时代需要结盟，而这个时代已经过去了。

其次，总结历史的经验。我国曾经跟苏联结过盟，效果并不好。在改革开放初期，我们在邓小平同志的领导下总结了中国外交的经验，其中的重要一条就是坚持不结盟。周恩来总理在万隆会议时提出了"求同存异"的主张，会议在此基础上制定了万隆会议十项原则，其中第六条就是"不使用集体防御的安排来为任何一个大国的特殊利益服务"。1961年的"不结盟运动"就是在万隆会议的基础上产生的，让人不得不佩服周恩来总理的远见。

最后，我们坚持不结盟，是考虑到中国人民和世界人民的根本利益。中国人民最大的利益是什么？正如邓小平所说，"发展是硬道理"，具体到21世纪来说就是我们必须保持发展的势头。中国目前发展的势头大概是自鸦片战争以来最好的势头，为了保持发展的势头，我们必须保持开放的势头，保持对外合作的势头。结盟所带来的结果就是树敌，而中国需要朋友，我们愿意与全世界的国家和人民交朋友。

世界人民的利益是什么？世界需要和平与发展，不需要军备竞赛。当年美苏军备竞赛投入了大量资金，而今天的世界所面临的很多问题也需要资金。如果这些资金都拿去搞军备竞赛，那人类面临的问题也就解决不了。所以，从世界人民的根本利益出发，我们也将坚持不结盟的政策。

最近我在新加坡和印度尼西亚访问时，他们表示既愿意同美国保持良好关系，也愿意同中国保持良好关系，不愿意选边站队。东南亚国家的这种想法也反映了世界的观点。如果中国同某一个大国结盟，一场新的冷战就开始了，而这场战争将没有赢家，只有输家。2014 年 11 月 29 日，习近平主席在中央外事工作会议上明确表示，要坚持不结盟的原则，结伴不结盟。中国愿意与世界各国结成伙伴，在共同利益的基础上进行合作。中国坚持不结盟，既考虑到中国人民的利益，也考虑到世界人民的利益，这一条路我们会继续走下去。

后　记

自 2005 年创办以来，上海论坛始终立足上海、服务国家、面向世界，以"关注亚洲、聚焦热点、荟萃精英、推进互动、增强合作、谋求共识"为宗旨，为推动上海、中国、亚洲和世界的发展贡献了诸多智慧。经过十多年的发展与实践，上海论坛已成为具有国际影响力的学术成果转化平台，成为海内外各界嘉宾开展对话交流和合作研究的重要桥梁。

在第十五届上海论坛即将到来之际，谨以此书回顾论坛这些年来的发展，并衷心感谢主办方复旦大学与韩国高等教育财团对论坛的积极推动与大力支持，感谢承办上海论坛圆桌会议和子论坛的智库、高校、企业、媒体和其他相关机构，感谢每一位嘉宾的倾情参与和真知灼见，感谢所有参与论坛工作的志愿者、学生记者和工作人员，感谢社会各界对论坛一如既往的支持，也感谢复旦发展研究院翻译团队的辛勤工作。

上海论坛已经进入了新的发展阶段，我们将继续发挥平台优势，倡导合作，鼓励对话，与全球各界知名人士和机构展开积极互动，为亚洲乃至世界的全面进步源源不断地贡献中国智慧。

复旦发展研究院
上海论坛组委会秘书处

图书在版编目(CIP)数据

洞见未来：发展、治理与安全：上海论坛主旨演讲与访谈精选集：2015—2019 / 复旦发展研究院，上海论坛组委会编 .— 上海：上海社会科学院出版社，2020
（复旦发展研究院智库丛书）
ISBN 978-7-5520-3292-5

Ⅰ.①洞… Ⅱ.①复…②上… Ⅲ.①世界经济—经济发展—文集②国际政治—文集 Ⅳ.①F112-53②D5-53

中国版本图书馆CIP数据核字(2020)第209968号

洞见未来：发展、治理与安全
——上海论坛主旨演讲与访谈精选集(2015—2019)

编　　者：复旦发展研究院　上海论坛组委会
责任编辑：王　睿
封面设计：周清华
出版发行：上海社会科学院出版社
　　　　　上海顺昌路622号　邮编200025
　　　　　电话总机021-63315947　销售热线021-53063735
　　　　　http://www.sassp.cn　E-mail:sassp@sassp.cn
照　　排：南京理工出版信息技术有限公司
印　　刷：上海信老印刷厂
开　　本：710毫米×1010毫米　1/16
印　　张：16.5
字　　数：266千字
版　　次：2020年12月第1版　2020年12月第1次印刷

ISBN 978-7-5520-3292-5/F·638　　　　　　　　　　定价：88.00元

版权所有　翻印必究